Theo von Hofstede

Bruno Gröning – Das Ameisenband

© 2016
Herstellung und Verlag: BoD – Books
on Demand, Norderstedt.
ISBN: 9783741280085

3. erweiterte Auflage 2016

Coverabbildung: © Antrey / Fotolia.com

INHALTSVERZEICHNIS

PROLOG

Dieser Vortrag[1] Bruno Grönings gehört zu den beliebtesten. Aufgrund seiner Art und Weise spricht er die Freunde besonders an. Freunde Bruno Grönings nennen dieses Tonband das „Ameisenband". Gleichwohl wurde es erst nach 35 Jahren sorgfältig editiert.

Es handelt sich um verschiedene Mitschnitte von Freunden, denen nur einfache, private Geräte zur Verfügung standen[2]. Dadurch ist die Qualität der verschiedenen Tondokumente teilweise recht schlecht. Ich bin überzeugt, dass bei der vorliegenden Übertragung das gegenwärtig technisch Machbare erreicht wurde.

Die Aussagekraft des Vortrages und seine Wirkung erfor-

1. Der Vortrag wurde in der Gemeinschaftsstunde Karlsruhe am 5. Oktober 1957 im Hause des Ehepaares Dipl.-Ing. Hermann und Hilde Riedinger gehalten.

2   Walter-Wilhelm Busam nahm dazu die Mitschnitte der Freunde und konnte durch die vorhandenen Überschneidungen den vollständigen Text in der korrekten Reihenfolge ermitteln. Mittlerweile sind CDs veröffentlicht worden, deren Inhalte deutlich von diesem Werk abweichen. Insbesondere handelt es sich dabei um die sich ergebenen Lücken, wenn nicht alle Aufnehmen kombiniert werden und um weitere drastische Auslassungen.

dert eine entsprechende Vermittlung der freien Rede. In dieser ersten vollständigen und textkritischen Veröffentlichung hielt ich auch den Bezug auf jene Zeit für ratsam.

Die Kritiken von Reformtheologen, Psychologen, Publizisten und Soziologen an Bruno Gröning halten sich an Dingen auf, bei welchen den Wissenden des Fernen Ostens nur Schamröte und bedauerndes Lächeln übrig bleibt, da sie jene sich selbst als dümmlich enthüllen.

Dem interessierten Leser werden die dem Vortrag vorhergehenden Seiten einen Eindruck von jener Zeit und Umwelt vermitteln, in der Bruno Gröning lebte und für welche Menschen er tätig war. Er selbst und sein Werk aber wirken sehr mannigfaltig bis in unsere heutige Zeit hinein; wie er selbst es auch angekündigt hatte.

Dieser Vortrag wurde in der Gemeinschaft Karlsruhe 1957 bei Familie Riedinger gehalten. Bruno Gröning fügte nach seinem Vortrag noch Folgendes hinzu:

„Ja, einen Dreck wird man aufs Tonband nicht aufnehmen, das ist zu teuer, und man will den Dreck nicht hören, man will nur Gutes hören, deswegen hat man es ja heute hierher geschafft, damit Sie wieder nachhören können, was gesagt worden ist [...] Aber für sie ist es wertvoll, ich glaube, dass unser Freund Riedinger daran gedacht hat, Ihnen das mal vorzuspielen, was ich heute hier gesagt habe.

Ja, Freunde und dann besinnen Sie sich auf die Stunde heute, hier, und es ist immer die gleiche Stunde, die der

Mensch für sich zu nützen hat."

Um die Atmosphäre des Vortrages und die feinsinnigen Nuancen des Tonfalls von Bruno Gröning zu erleben, kann ich das Hineinhören in gut verständliche Abschnitte nur herzlich empfehlen. Allein aber der Gedanke, dass eine Suggestionswirkung[3] gewollt oder ungewollt beabsichtigt war, ist abzulehnen.

Die Zeitschriftenartikel von Dr. Mann waren damals sehr aktuell. Daher gehe ich auf diese beiden Zusammenhänge noch näher ein.

Bruno Gröning spricht in seinem Vortrag von einem Journalisten und Mediziner, welcher seine Arbeit beobachtet hatte und darüber im Neuen Blatt berichtete. Aus diesem Grunde will ich den dokumentarischen Bericht von jenem Dr. Mann, entnommen einer Abschrift aus „Das Neue Blatt", hier abdrucken[4].
Dr. Mann blieb mir als ein sehr freundlicher und lebhafter Herr in Erinnerung. Er hatte Mitte der 50er Jahre mit

---

3 Suggestionswirkung (lat.= Einflüsterung, Eingebung) ist die Wirkung, die durch Einflüsterungen auch Eingebungen durch andere oder sich selbst hervorgerufen wird. Sie wird bei niedrigen, magischen und psychischen Handlungen angewandt. Ein bei Bruno Gröning undenkbares, ungutes Handeln. Die Anhänger von Dr. Joseph Murphy nennen dies auch „Subliminal-Wirkung" (lat.= unterschwellige Wirkung). Wenn Sie auf die Worte achten, stellen wir uns auf den göttlichen Heilstrom ein und auf nichts Unterschwelliges in Wort, Musik, oder ganz gleich welcher Herkunft.

4 Dr. Horst Mann < Pseudonym für Dr. Horst Labenske>. Urspünglich, d.h. in der 1. Auflage, erschien der Artikel als Abschrift im Mitteilungsblatt „Der Weg" 1981. Jg. 18,2.

meinem Vater eine Besprechung, die schnell und gut beendet wurde. Bis sein Nachmittagszug nach Stuttgart fuhr, blieb er dann bei meinen Eltern zu Gast. Weil ich entgegen den Gepflogenheiten bei den Gesprächen dabeibleiben durfte, haftet mir sein Besuch gut in der Erinnerung. Mit meiner Mutter sprach er ausschließlich über Kunst, Potsdam und die Berliner Museen. Dr. Mann war ein ausgesprochen aufmerksamer Zuhörer und für mich jungen Menschen ein sehr bildhafter Erzähler. Er ging sensibel auf mich ein, was mit seiner äußeren Erscheinungsweise übereinstimmte. Zum Bahnhof durfte ich ihn begleiten, und er unterhielt mich, bis der Zug kam, und er nach Stuttgart zurückfuhr.

Wie Bruno Gröning Dr. Mann schilderte und dessen Schreibstil, entspricht ganz meiner Erinnerung. Eigenartigerweise verwendete mein Vater das Wort: „Der Mann ist ein Phänomen." nach einem Vortrag Bruno Grönings, den er in den Jahren 1950/51 gehört hatte, Worte, die bei Dr. Mann zum Abschluss seiner Artikelserie ebenfalls stehen.

Ich will mich bemühen zu erklären, warum es wichtig ist, Dokumente aus der Zeit des Ameisenbandes, aus Bruno Grönings Umfeld beizufügen.
Wir, die nachfolgenden Generationen, benötigen ein le-

Leider musste ich auch hier feststellen, dass die damalige Redaktion, genauso wie bei anderen Abschriften von Schrift und Tonträgern, willkürliche Veränderungen vornahmen; hier über siebzehn! Diese „Freunde" haben nun eigene Freundeskreise bzw. Vereine und sind mit dem Vereinsziel, die Lehre Bruno Grönings wahrheitsgetreu wiederzugeben und weiterzureichen, nicht vereinbar. Nach Abschluss dieser Buch-REIHE werden die Verfälschungen ausgemerzt sein.

bendiges Bild seines Lebens und seiner Weggefährten.
Wir wissen viel zu wenig von jenen, die „unter den Augen Bruno Grönings" schrieben, wie z. B. Erich Bavay, Anny Freiin Ebner von Eschenbach, Dr. Kurt Trampler[5], Hermann Riedinger, Dr. Horst Mann u. a. Die beiden Letztgenannten sollen deswegen hier zu Wort kommen.

Bei den Korrekturen halfen selbstlos mit liebevollem Einsatz die Freunde Herta und Wolfgang Winckler, Eisenhüttenstadt. Dafür danke ich. Inkorrektheiten und Nachlässigkeiten, die indes blieben, sind in meiner Verantwortung. Wir wissen, dass nur mit Vertrauen und Glauben in die liebende Kraft Gottes wir Hilfe und Heilung erfahren können und dürfen.

Walter-Wilhelm Busam

---

5 Dr. rer. pol. Trampler war Volkswirt. Er erfuhr durch Bruno Gröning die eigene Heilung. Er schrieb u.a. „Die Große Umkehr", 1950, „Lebenserneuerung aus dem Geist", Mchn.1956, „Geistige Heilung an Tieren" in „Neue Wissenschaft", 1952. Er profilierte sich mit einer „geistig - energetischen" Heilmethode und unterzog sich u.a. der ersten eingehenden statistischen Untersuchung zu den Fragen der Gelstheilung. In dem hier abgedruckten Glaubensvortrag wird deutlich, dass dies nichts mehr mit BRUNO GRÖNINGs Lehr-Meisterschaft zu tun hat.

Sein Wort bannt die Krankheit
Dokumentarischer Bericht in „Das Neue Blatt"
von Dr. Horst Mann

Mappenweise stapeln sich im Plochinger Heim des Bruno
Gröning Dankesbriefe aus aller Welt. Es sind
eidesstattliche Erklärungen, in denen Menschen aller
Berufe, junge und alte, Frauen, Männer und Kinder von
ihrer Heilung berichten, die sie auf Gröning zurückführen.
Unsere letzte Folge schloss: „Wo liegen die Grenzen
seiner Kraft?"Wir haben Bruno Gröning danach gefragt.
Er wird uns persönlich darauf Antwort geben.

Bei den vielen Vorträgen Bruno Grönings, denen ich in
den letzten Wochen und Monaten beiwohnte, aber auch
bei den Besuchern, die einzeln zu ihm kamen, erlebte ich
es nur zwei- oder dreimal, dass jemand äußerste, er
verspüre keine Wirkung. Wenn Gröning dann fragte,
welche Wirkung er eigentlich erwarte, schüttelte der
Befragte meistens betreten den Kopf und meinte: „Na,
den Heilstrom oder die sofortige Gesundung."

Bruno Gröning kritisierte diese überspannten
Erwartungen. Dennoch hatte ich das Gefühl, als wenn
hier der Kontakt zwischen diesen beiden Menschen
ausgeblieben sei. Versagte hier Gröning, oder gab es dort
Grenzen seiner Kraft?

Bei meinem letzten Besuch stellte ich ihm diese Frage.
„Ich kann und will keinen Menschen zwingen",
antwortete er mir. „Wenn jemand sich verschließt und
nicht die Bereitwilligkeit in sich trägt, die Kraft zur
Ordnung zu entfalten, dann fehlt auch bei mir die

Bereitschaft zum Eingreifen[6]. Diesen Menschen fordere ich nur auf, den Riegel des Bösen aufzusprengen, der das Heil verhindert."

Ich hatte noch eine Frage: „Jede Krankheit ist verschieden gefährlich", sagte ich. Angenommen, ein Schwerkranker, von mehreren Ärzten aufgegeben, lässt sich durch einen Arzt, der noch um seinen Patienten kämpft, rufen. Werden Sie ihm helfen können?"

„Ja", sagte Gröning. Er sagte es, ohne zu zögern. „Wenn der Kranke daran glaubt und der Arzt seinem Weg vertraut, wird der Erfolg nicht ausbleiben. Das gemeinsame Vertrauen wird in dem Kranken ungeahnte Kräfte entwickeln. Häufig kam der Erfolg gerade da am schnellsten, wo der kranke Mensch voller Verzweiflung nach dem letzten Strohhalm griff."

Es ist an der Zeit, den Versuch zu unternehmen, das „Wie" der Heilungen Bruno Grönings zu erklären. Ich gestehe freimütig: Das ist nicht mehr als ein Versuch! Zu bunt und vielseitig war das Bild, das ich bei meinen Untersuchungen der geheilten Menschen um Gröning erlebte. Zu überraschend und verblüffend die Tatsachen, die ich an der Seite dieses Menschen sah und erfuhr.

Seit dem „Wunder von Herford" im Jahre 1949 ist von verschiedenen namhaften deutschen Wissenschaftlern der Versuch einer Deutung Grönings unternommen

---

6   Hier handelt es sich um eine überaus wichtige Information: Wer nicht bereit ist für Ordnung zu sorgen, wird von Bruno Gröning keine Hilfe erhalten. Es geht hier um eine Heilungsvoraussetzung.

worden. Die Urteile fielen verschieden aus. Die einen nannten ihn schlechtweg einen Scharlatan, der mit der Gläubigkeit seiner notleidenden Mitmenschen hausieren ginge. Die erzielten Heilungen nannten sie Selbstheilungen, die mit Gröning nichts zu tun hätten.

Eine andere Gruppe billigte Gröning eine außerordentliche starke Suggestion zu, die bei gläubigen Menschen, besonders wenn sie in Massen zu ihm kämen, eine Art Ekstase auslöse, die über die Auto- bzw. Selbstsuggestion starke eigene Heilungskräfte in dem Kranken entfalte. Diese Ärzte verkannten nicht, dass Gröning damit der Zünder oder Katalysator[7] eines Heilungsprozesses sei.

Andere Gutachter billigen Gröning einen neuartigen „Lebensstrom" zu, der nicht mit den Formen unseres menschlichen Wissens zu fassen und zu ergründen ist. Sie nennen ihn einen „geistigen Heiler."

Wie wohl nie zuvor ein anderer, habe ich die Gelegenheit gehabt, Bruno Gröning bei seinem Wirken zu beobachten, kritisch und objektiv. Daher muss ich mich gegen alle wenden, die ihn nur als einen ausgezeichneten Hypnotiseur[8] bezeichnen, der die Massen in seinen Bann ziehe und sie praktisch durch seinen Willen zwinge, die Krankheiten nicht mehr zu fühlen. Damit seien die Leiden aber nicht verschwunden.

7 Katalyse (griech.)= Auflösung; in der Chemie die Beschleunigung einer Reaktion durch die bloße Gegenwart eines Stoffes (Katalysator), der dabei anscheinend unverändert bleibt.

8 Hypnose (griech.) = Schlafmachen. Durch andere oder durch sich selbst bewirkte Ausschaltung des normalen Wachbewusstseins.

Ich kenne die Hypnose in ihren vielfältigen Formen.
Davon kann hier keine Rede sein. Mir sind auch genügend
Fälle bekannt, wo Heilungen erfolgten, ohne dass die
Kranken Gröning kannten, zudem aber noch gegen diesen
Mann eingestellt waren. Hier gaben Angehörige oder
Bekannte an, dass sie für den Patienten den Heilstrom
empfangen hätten.

Auch der Begriff der Suggestion reicht nicht aus, das
Wesen Grönings und seine Erfolge zu erklären. Damit will
ich aber nicht abstreiten, dass von seiner Persönlichkeit
ein starkes suggestives Fluidum[9] ausgeht, das viele
Menschen in seinen Bann zieht. Allein die Erscheinung
dieses Mannes mit seinem wuchtigen Kopf auf dem
schmalen, asketisch zarten Körper und die großen Augen
unter den buschigen Brauen verfehlen nicht ihre Wirkung.

Aber auch hier muss ich auf jene Geheilten hinweisen, die
Gröning nie erlebt hatten und lediglich eine Stanniolkugel
oder ein Stanniolplättchen in ihren Händen hielten, um
bald Wirkung zu spüren. Oft waren auch diese Menschen
gegen Gröning eingestellt, ein Widerstand, den die
Suggestion allein nicht gebrochen hätte.

Ich wehre mich auch gegen die Deutung jener, die
Gröning lediglich als einen Magentopathen[10] einordnen
wollen. Sie sagen, er besäße außerordentliche
Strahlungskräfte, die den Körper eines Kranken
durchströmten und so das erkrankte Strahlengefüge neu
ordneten.

---

9 Fluidum (lat.)= fließend, der Strom unwägbarer Stoffe. Wird
gebraucht bei einem nur schwer zu erklärenden Gesamteindruck
eines Menschen oder Gegenstandes.

Gewiss verfügte Gröning über diese Kräfte. Wie wollte man es sonst erklären, dass fast alle Menschen in seiner Gegenwart urplötzlich ein „Stromgefühl" spüren, das eine schnelle und erleichternde Wirkung zeigt. Aber auch hier lassen sich Ausnahmen aufzählen, die gegen den „Magentopathen" Gröning sprechen.

Ich sage: Bruno Gröning ist mehr! Von den hier angeführten Faktoren steckt zweifellos ein Körnchen in ihm drin, aber keines ist beherrschend und ausgeprägt. Sie alle zusammen ergeben erst die Kraft, die von ihm ausgeht.

Ich sage: Bruno Gröning ist eine Erscheinung, ein Phänomen, das wir mit den bis heute erarbeiteten Grundlagen der Seelen- und Gesundheitslehre noch nicht voll erfassen können. Er ist das Bewusstwerden eines neuen Lebensstromes, der seine eigenen Wege geht. Wenn diese Form nicht schadet, sondern zum Heil führt, dann ist sie zu bejahen.

Damit schließe ich mich dem Gutachter Dr. G. aus Berlin an, der selbst durch Gröning geheilt wurde. „Es handelt sich um die Entdeckung einer kosmischen Lebenskraft, die der Mensch in bestimmten ehrfürchtigen

---

10 Magnet (griech.u.lat.= Magnes) = anziehen. Magnetopath, oder Magnetiseur (franz.), einer der durch magnetische Kraft heilt oder heilen will. Mesmer und seine Anhänger (1601 - 1680) bezeichnen damit die Wirkung einer hypnothetischen Kraft, die der menschliche Körper abstrahlt oder die ihm entströmt, vergleichbar dem "Prana" der indischen Lehre. Was diese sogenannten Wissenschaftler immer vergessen wollen ist, dass Bruno Gröning das verlorengegangene Wissen wiederbrachte und lehrte: „Die Ordnung ist Gott selbst. Heilen kann nur Gott."

Einstellungen einatmen kann, die den Leib blühend macht, den Geist schöpferisch... Einer so hohen Kraft einen Weg zu bahnen, damit sie sich heilvoll betätigen kann, ist meine und unser aller Aufgabe."

* * *

So weit der letzte dokumentarische Bericht aus der Serie: „Bruno Gröning. Sein Wort bannt die Krankheit" von Dr. Mann.

Ich bin wohl bedacht, die Ausführungen von Dr. med. Horst Mann hier beizufügen. Bruno Gröning erwähnt ihn in diesem Vortrag, auch in anderen des Öfteren. Wir sind schon außerhalb jener Zeit und können uns unter dem bloßen Namen nichts vorstellen. Ich hoffe, damit die Worthülsen mit Leben zu erfüllen.

Diese Informationen sind gut, uns ins Bewusstsein zu rufen, denn nicht nur zur damaligen Zeit waren Misstrauen und Unterstellungen und der Neid gegenüber begnadeten Menschen üblich.

Auch können wir lernen, mit dem Schatz der Lehre Bruno Grönings sorgsam für uns selbst und dann auch für andere umzugehen, und mit Leben zu erfüllen. Dies sollte uns stets bei der Lektüre der Schriften von und über Bruno Gröning im Bewusstsein bleiben.

Walter-Wilhelm Busam

BETRACHTUNG DER GEMEINSCHAFT KARLSRUHE

Die Gemeinschaften, die tatsächlich dem Willen Grönings entsprechen, spiegeln die Vielfalt und den Reichtum der Menschen und einzelnen Landschaften in liebenswürdiger Weise wider. Wenngleich die Gemeinschaftsleiter auf die getreue Lehre Bruno Grönings in Herz, Gemüt, Geist, Seele und auf seine Worte bedacht sind, so verliert jede Gemeinschaft den ihr eigenen Zug nicht. Die Vielfältigkeit des menschlichen Lebens mit all seinen Bedingungen in der Stadt oder auf dem Lande bleibt erhalten. Wir alle sind auf dem gleichen Weg zu Gott. Bruno Grönings Lehre kennt weder Gleichmacherei noch Intoleranz und lehnt sowohl Beeinflussungen durch Meinungen, als auch sektiererische Glaubensströmungen ab.

Bei Bruno Grönings Vorträgen wird spürbar, dass er sehr stark auf die ihn umgebenden Hilfesuchenden und ihre natürlichen und unterschiedlichen Lebensweisen eingehen konnte und auch einging. Der Vortrag über die Ameise spiegelt die damalige Karlsruher Gemeinschaft im Hause Riedinger wider. Der christliche Humanismus[11]

---

11 Humanismus (lat.)= Wissenschaftliche Richtung, die in dem Leben und in der Literatur der antiken, klassischen Völker (z.B.: Griechen, Römer) das Musterbild menschlicher Vollkommenheit sah. Sie suchte auch die ebenmäßige Ausbildung des Menschen mit sittlichen und geistigen Eigenschaften. Der Dichter Johann Wolfgang von Goethe (1749 - 1832) war zugleich einer der universellsten Geister. Er beschäftigte sich mit der Deutung der Natur, neigte zur Mystik, Parapsychologie (=Sozialwissenschaft der Psychologie, auch als Grenzwissenschaft gebräuchlich) und schrieb neben der Farbenlehre weitere naturwissenschaftliche Werke, die heute noch beachtet werden. Seine Glaubensannahme an die Wiedergeburt und das Karma wurde

goetheanischer Prägung, also auch unter Einbeziehung des naturwissenschaftlichen Denkens eines J.W.v.Goethe, kommt in dem Vortrag bevorzugt zur Geltung. Hermann Riedingers Buch „Bruno Gröning" wird von jener Geistigkeit getragen.

Wie mir von verschiedenen Freunden berichtet wurde, war Hilde Riedinger eine unermüdliche Freundin im Werk und die Seele des Hauses. Sie schreibt im Buch ihres Mannes u. a. über folgende lehrreiche Erfahrung:

Walter-Wilhelm Busam

---

auch in die Lehre Rudolf Steiners einbezogen.

Eine Erfahrung
Hilde Riedinger

»Ein Bekannter meines Mannes besuchte uns und brachte
seinen schwer lungenkranken Freund mit, der von mir hören wollte, welche Beschwerden ich durch die Vorträge
Bruno Grönings verloren hätte. Ich berichtete ausführlich
darüber. Er hörte mir aufmerksam zu, konnte sich aber
nicht entschließen, zu Bruno Gröning zu kommen.

Diese Entscheidung bleibt eben jedem selbst überlassen.

Nachdem die Männer weggegangen waren, befiel mich
wieder die Atemnot, doch nicht so stark wie früher. Es war
mir damals noch nicht bewusst geworden, dass ich mit der
Erzählung meiner Krankheitsnöte all die früheren Beschwerden wieder herbeigeholt hatte.[12]

Die Belehrung darüber erteilte mir beim nächsten Besuch
Bruno Gröning selbst mit dem folgenden Gleichnis. Er sagte
zu mir:

„Ihrem Mann gefällt Ihr altes Kleid nicht mehr, er kauft Ihnen ein neues; warum tragen Sie einmal das neue Kleid auf
dem alten, und dann wieder das alte Kleid auf dem neuen?
Tragen Sie doch das neue Kleid allein! Haben Sie mich verstanden?" Mir war sofort klar geworden, dass ich durch das
Berichten über meine frühere Krankheit die alten Be-

---

12 Dies ist eine sehr wichtige Erkenntnis: Wer sich mit seiner alten
    Krankheit beschäftigt holt diese zurück. Sinngemäß sagte Bruno
    Gröning zu den von Ihm Geheilten, dass man sich nur mit seiner
    Krankheit beschäftigen brauche und er gäbe ihm diese zurück.
    Deswegen ist es auch nicht richtig, wenn Freunde vor der
    Gemeinschaft oder auf einer Tagung vom alten Leid berichten

schwerden wieder zurückgerufen hatte. So schnell zieht das Böse, wie Bruno Gröning sagte, wieder in den Körper ein. Halten wir alle also unsere Gedanken immer auf das Gute gerichtet!

„Wer an die Krankheit denkt, hat Gott vergessen.
Wer sie besitzt, hat Gott verlassen.
Reich sein, heißt gesund sein!“

So hat uns Bruno Gröning gelehrt.« (Soweit Frau Riedinger.)

Wir sehen hier, wie sehr wir auf unsere Worte zu achten haben. Dies hat nichts mit einer Wortmagie zu tun, wie jene bei vielen esoterischen[13] Richtungen geübt wird. Wir lernen mit unserem Willen bewusst in der göttlichen Ordnung zu denken, und die Worte zu gebrauchen. So können wir gesund werden und bleiben, und wir können unserem Nächsten auch dazu verhelfen.

In den Gemeinschaften brauchen wir heute die Gelegenheit, das nachzulesen, was Bruno Gröning tatsächlich sagte. Hier fügt sich nahtlos der Versprecher von Herrn Riedinger an, welcher ihm bei der Begrüßung zu diesem Glaubensvortrag unterlief.

Auf den Versprecher - „versucht“, von Herrn Riedinger, nennen wir es so, geht Bruno Gröning immer wieder ein. Heute können wir dankbar über den „Versprecher“ sein,

---

13 Esoterik (griech.= esoteros = innerlicher)= geheimes Wissen, esoterisch = geheim, nur für Eingeweihte verständlich. Heute wieder als eine Modeerscheinung missbraucht, um sich gebildet und interessant zu geben. Trägt viel zur geistigen und körperlichen Unordnung bei.

nirgends geht Bruno Gröning sonst so anschaulich auf das Versuchen, den Versuch und die Versucher ein. Bruno Gröning sagte so oft: „Achten Sie auf Ihre Worte." Wenn Sie beim Lesen des Vortrags darauf achten, werden Sie feststellen, dass Bruno Gröning Herrn Riedinger nicht ins Wort fiel, ihn auch nicht nachträglich verbesserte, sondern die Gelegenheit wahrnahm, uns die unbedachten Worte zum Bedenken zu geben. Kritiksucht und ins Wortfallen hatte Bruno Gröning nicht nötig, das war ihm zu eng und angstvoll. Die Weite und die Herzlichkeit seiner Gedanken und seiner Worte bestimmten sein heiteres Tun. Wie oft ist ein entspannendes Lachen der Zuhörer bei seinen Vorträgen zu hören! Dieser feine, humorvolle Ton ist auf Papier ungleich schwieriger wiederzugeben. Da das Hineinhören in die Bänder selbst für einen Geübten schwer bleibt, und wir jetzt in Ruhe Wort für Wort aufnehmen und verarbeiten können, ist dieser Mangel leicht aufgewogen.

Die Tondokumente aus jener Zeit haben nicht die Qualität heutiger Möglichkeiten. Sie wurden von Laien aufgenommen und später oft kopiert. So verdanken wir Hermann Riedinger nicht nur die Aufzeichnung des Ameisenbandes, sondern auch die anderer Vorträge. Der folgende auszugsweise Nachruf auf Dipl.-Ing. Hermann Riedinger[14] erleichtert uns die Atmosphäre dieser guten, menschlichen Umgebung wahrzunehmen, in welcher dieser Vortrag gehalten wurde.

Walter-Wilhelm Busam

---

14 Dr. Walter Häusler: Der WEG 1980. Jg.17,4.

Hermann Riedinger
zum Gedächtnis

Karlsruhe, am Abend des 26.September 1980.

Die Nachricht von Deinem Heimgang, Freund
Hermann Riedinger, hat uns alle mit großem Ernst
erfüllt.

Du hast Dich der Erfüllung des Auftrages zur
Mitarbeit am Werke von Bruno Gröning, der an
Dich ergangen war, hingegeben; mit der ganzen
Standhaftigkeit Deines Herzens, Deinem aufrechten
Wesen und Deinem immer dem Guten
zugewandten Sinn.

Du warst uns ein echter Freund Bruno Grönings. In
Deinem tiefen, menschlichen Mitgefühl, Deiner
Lebensweisheit und Deinem allezeit frischen
Humor, vor allem aber auch in Deinem freimütigen
Eingeständnis eigener Begrenzung und eigenen
Fehlens, spürten wir Brunos Nähe. So nimm heute
das Wort unseres Dankes entgegen, Freund
Hermann Riedinger! Deinem Leben war es gegeben,
Widerschein des Lichtes zu sein, das Bruno Gröning
entzündete. Wir bleiben verbunden.

81 Jahre Erdenleben; 29 Jahre Im Kreise unseres
großen Helfers Bruno Gröning! Du und Deine Frau
haben vorgelebt, wenn zwei Menschen gemeinsam

dem Guten dienen, dann ist die Kraft nicht doppelt, sondern um ein Vielfaches verstärkt. So erfüllt uns heute alle der tiefe Wunsch, dass Sie, liebe Frau Riedinger, weiterhin viel gute Kraft empfangen und Ihren Lebensweg meistern.

Du warst einer von den Freunden und Mitarbeitern von Bruno Gröning, deren prägende Kraft im Werk heute erst andeutungsweise, später aber schärfer erkannt werden wird. Der Mensch Bruno Gröning brauchte Werkzeuge, um sein Werk zu errichten, weltumspannend im Plan, zugedacht dem Wohl aller Menschen und stark in den Grundfesten, allen Stürmen zu trotzen - der Wahrheit die Bahn zu brechen - und den Menschen den Weg zu ebnen zum Empfang der guten, göttlichen Kraft, befreit zu werden von den Übeln und Belastungen, den Weg zurückzufinden in das Vaterhaus.

Vor diesem Hintergrund, Freund Riedinger, drücken die Worte, Du warst Mitarbeiter von Bruno Gröning, aus, dass Dein Weg an der Seite unseres großen Freundes zu den Höhen führte, aber innere Not und der Kampf in der eigenen Brust, die Überwindung und das Einfügen schließlich Stationen dieses guten, göttlichen Weges waren.

Oft durften wir bei Dir und Deiner lieben Frau in Karlsruhe zu Gast sein. Erlebte Stunden!

Das Werk und die Lehre unseres großen Freundes waren lebendig!

Die Weisheit Goethes, die Schönheit unserer deutschen Muttersprache und die Liebe zum Vaterland, Deutschland, - alles war Dir Offenbarung des Göttlichen.

Darum auch Dein nachhaltiges Mahnen und unermüdliches Rufen zur Einheit des Werkes von Bruno Gröning!: Alles in Einem.

Für Dich war das Tun immer das Entscheidende: Die Leitung der Gemeinschaft Karlsruhe zusammen mit Deiner Frau, Deine vielen Vorträge und Aufsätze, die Mitarbeit im Werk überhaupt, das Buch „Bruno Gröning", das Du geschrieben hast. All dies getreu dem Wort unseres großen Helfers: Tun Sie es!

Begrüßung Bruno Grönings
durch Hermann Riedinger

Ich begrüße Sie und heiße Sie herzlich willkommen. Ich freue mich, dass ich Ihnen Gelegenheit geben kann, hier in meinem Heim den bedeutenden, einmaligen Menschen Bruno Gröning hören, und sein Erleben von ihm mitnehmen zu dürfen.

Die Zeit ist nun durch verschiedene Umstände schon sehr vorgeschritten. Ich will mich sehr kurz fassen. Meine Frau hat ja auch schon zu Ihnen gesprochen, vor allem zu den Neuen.

Ich nehme an, dass Sie wissen, dass Sie hier nicht, wie Sie es bisher gewohnt waren, zu einem Arzt oder Heilpraktiker, oder sonst was Ähnlichem kommen und deshalb auch nicht Ihre Beschwerden vortragen oder überhaupt nur daran denken sollen.

Hier wird nicht behandelt. Hier spricht ein begnadeter Mann in seiner Art, in seiner gleichnisreichen schlichten Sprache Gottes Wort.

Er versucht die Menschen, er versucht, das ist's wieder, ich habe schon wieder ein „verbotenes"[15] Wort gesprochen, er führt die Menschen auf den rechten Weg zur Harmonie, zur Nähe Gottes, zur Harmonie mit dem Unendlichen.

---

15 Das Wort „verbotenes" ist bewusst, mit heiterem Unterton, in der Rede überzeichnet.

Ich wünsche Ihnen, dass Sie von dem heutigen Abend
reichen Gewinn haben. Es liegt an Ihnen! Öffnen Sie dem
großen Glauben Ihre Herzen, und Sie werden auch das
Göttliche erfahren.

Bevor nun Herr Gröning spricht, wollen wir noch ein
Musikstück zu Gehör bringen, damit wir alle uns leichter
noch über die Klänge vom Alltag lösen und in jene
Sphären gelangen, die wir zum Erleben und zum großen
vollen Erleben am heutigen Abend nötig haben.

Rede Bruno Grönings

Das Gleichnis von der Ameise

Teil 1
Er weiß, dass…

Ich weiß, dass es sehr schwer ist, so sehr schwer für den heutigen Menschen, mich zu verstehen.

Ich weiß, dass Sie heute, wie Sie in dem Leben stehen, mit dem noch nichts anzufangen wissen. Ich weiß, dass Sie in das weltliche Leben so hineingezogen worden sind, so dass Sie sich selbst vergessen, sich selbst verlassen fühlen und heute nichts mehr mit sich selbst anzufangen wissen.

Mich zu verstehen heißt, dass jeder Mensch sich erst einmal selbst versteht, dass er weiß, wer er ist und dass er weiß, wozu er seinen Körper besitzt. Wozu er den überhaupt erhalten hat für dieses, für sein Erdenleben.

Ich weiß, dass der alltägliche Mensch, wie ich ihn nun mal so nennen muss, nichts mehr weiß. Er muss ehrlich zu sich selbst sein und sagen: „Ich weiß, dass ich nichts weiß."

Aber nicht, dass er von sich so sehr eingenommen ist. Denn diese Eingenommenheit zeigt, dass er ein sehr verbildeter und eingebildeter Mensch ist, und nicht mehr an das glauben kann, was er in Wirklichkeit, in Wahrheit ist.

Ich weiß, was er - der Mensch - nicht verstehen kann. Von dem er nichts mehr weiß, daran glaubt er nicht! Eher, nennt er dieses alles, das heißt das ganze Gott - Geschehen, für ein Hokuspokus, oder er sagt zu seinem Nächsten wie auch zu sich selbst: „Wer kann daran glauben? Das sind Dinge, die hat es noch nie gegeben, und die wird es auch nicht geben."

Aber nun, meine lieben Freunde, bin ich derjenige, <welcher> der sich von Menschen umgeben lässt, die da nur sagen: „Ich bin dein Freund! - Nein!"

Ich gehe zu dem, der heute noch nicht zu meinen Freunden zählt. Denn hier habe ich nicht was, sondern das zu vollbringen, den Menschen klarzumachen, was er in Wirklichkeit, in Wahrheit ist und was jeden Menschen, was für jeden Menschen von Gott so bestimmt ist.

Aber es gibt, wie ich sie so leicht nenne, diese eingebildeten Fatzkes, die da glauben, sie wären alles, wenn sie viel des Weltlichen besitzen, dass sie über viel irdische Güter verfügen, die sie ihr Eigen nennen, und sie fühlen sich dann, wie ich so oft den Ausspruch von Menschen gehört, wie so ein kleiner Gott in Frankreich.

Ja, meine lieben Freunde, um sich selbst zu erfassen, um von sich selbst soviel zu wissen, dazu gehört mehr! Und ich werde es nie dulden, dass Menschen sich über den notleidenden Kranken lustig machen.

Ich habe nur eine einzige Pflicht, den Menschen das verlorengegangene göttliche Gut wieder zu geben und ihn auf den Weg zurückzuführen, von dem er abgegangen ist.

Wo er sich heute auf dem Irrwege befindet und nicht mehr weiß, wo der Weg ist, der für ihn, der für jeden Menschen, für jedes Lebewesen bestimmt ist.

Teil 2

ÜBER DIE AMEISE

Wenn der Mensch wüsste, über wie viel Kräfte er verfügt und wie er die Kräfte, die göttliche Kraft, für sich nutzen könnte, er würde von sich aus sagen: „Jetzt bin ich in der Lage, Bäume auszureißen, so eine Kraft besitze ich in meinem Körper."

Aber nun, meine lieben Freunde, ich weiß, dass der Mensch sehr von sich eingenommen ist: Er bildet sich ein, er wäre ein großes Lebewesen, und dabei ist er nur ein ganz kleiner Geist.

Natürlich besitzen wir Menschen, das heißt, wo wir einen menschlichen Körper von Gott für dieses unser Erdenleben verliehen erhalten haben, ist er größer als viele andere Körper, viele andere Lebewesen, die über ihren Körper verfügen, das heißt, wo er bedeutend kleiner ist, als der unsrige.

Nun, meine lieben Freunde, vergleichen Sie sich doch einmal mit einer Ameise. Die Ameise ist sich dieser ihrer Kraft bewusst. Die Kraft, die <Ameise> sie doch ganz gottergeben ist, und ist in der Lage, Gegenstände zu tragen, die mehr als fünfmal schwerer sind als der eigene Körper. Versetzen Sie sich doch mal in diese Lage, und tragen Sie das fünffache Gewicht ihres Körpers. Dann würden Sie von vornherein sagen: „Das ist unmöglich. Diese Last kann ich nicht tragen. Sie ist ja viel schwerer als mein Körper. Es ist unmöglich!"

Und betrachten Sie die Ameise, so klein sie ist, und wie flink sie dabei ist, so sie eine Last trägt. Wenn Sie sich das so vorstellen, wie klein das Wesen ist, und wie groß wir sind, das heißt, unser Körper ist, und die vielen Berge, die die kleine Ameise läuft, die kennt keinen Widerstand. Sie schafft es, und sie bezwingt, das heißt, mit einer Leichtigkeit befördert sie die Last, ohne dabei zu ermüden. Wenn Sie eine Last sich auf Ihren Körper laden, dann würden Sie langsam und immer langsamer gehen, so dass Ihnen zuletzt die Puste ausgeht, aber die Ameise nicht, sie läuft dabei. Haben Sie so ein kleines Tierchen schon mal beobachtet? Wer hat sie so sehr in Augenschein genommen, der wird es wissen, wie flink und wie fleißig dieses Tierchen ist?

Und was ist der Mensch dagegen? Wie weit ist er abgesackt? Was weiß der Mensch hier von der Göttlichen Kraft? Er glaubt nicht mal daran, dass er göttlich ist. Er glaubt nicht einmal daran, dass Gott ihn geschaffen, dass es das Werk Gottes ist. Und er glaubt nicht mal mehr daran, an das, an all das, was zur Ordnung, das heißt, was zu Gott gehört, er versucht nur alles Mögliche.

Dagegen eine Ameise versucht nichts, sie tut es, und der Mensch versucht. Na ja, letzten Endes hat er auch 'nen Verstand! Man glaubt aber, die Ameise hätte keinen Verstand. Man glaubt, noch ein viel kleineres Lebewesen wie die Ameise es ist, hat auch keinen Verstand! Meine lieben Freunde, wenn Sie wüssten, wie diese kleinen Tierchen ausgerüstet sind, was die alles in sich aufnehmen: Sie wittern die Gefahr schon Stunden, gar Tage vorher! Ein Mensch dagegen nicht. Warum nicht?

Weil er im täglichen Getriebe ist. Er hat keine Zeit. Er weiß nicht, wer er ist, und er weiß nicht, nichts, aber gar nichts mehr von sich selbst!

Er versucht natürlich alles Mögliche, hier in dem irdischen Leben, möglichst viel zu fabrizieren und auf der anderen Seite seinem Beruf nachzugehen und so seine Pflichten zu erfüllen, wie er sie einst von seinen Vorfahren übernommen hat, die ihm das auch als Pflicht auferlegt haben.

Aber das ist so alles, und dabei bringt er sich selbst in Vergessenheit und hat auch gar nicht an seinen Körper gedacht, wo er, der Körper, für ihn doch hauptsächlich ist. Er ist nicht nebensächlich. Sie betrachten immer den anderen Körper, den Körper eines Ihrer Nächsten, der womöglich ein besseres oder aber ein schlechteres Kleid hat als der Ihrige. Muss das so sein?

Und Sie trachten auch nach dem, wie der Mensch gestellt ist. Ob er arm ist oder reich. Haben Sie einen armen Menschen vor sich, das heißt, geldlich gesehen, dann fühlen Sie sich gehoben. Haben Sie aber einen Menschen vor sich, der viel irdische Güter besitzt, dann sagen Sie: „Das ist der Hohe Herr, der besitzt mehr."

Und Sie beugen sich, nicht vor Gott, vor dem Geld, vor dem, das er besitzt.

Und nochmals zurück, sie fühlen sich gehoben, wenn sie einen von den Armen, den Ärmsten der Armen vor sich haben. Der vor einem Nichts steht. Dann sagen Sie: „Ich habe mehr als er. Was will diese arme Kreatur? Er soll lieber schaffen, er soll dies, das und jenes machen und nicht betteln gehen oder sonst was." Aber jedenfalls fühlt er sich gehoben.

Ja, meine lieben Freunde, der Hochmut kommt noch vor dem Fall. Dabei geriet der Mensch in eine Gefahr. Er ist überheblich, er ist WER. Was er sich natürlich nur einbildet. So viel, wie ich eben die Gleichnisse gegeben, dass er mehr ist als der eine so der andere seiner Nächsten.

Und genau so wie es auch Menschen ergangen ist, die ihre Nächsten betrachten, wo er einen schwachen, einen abgebauten Körper hatte, äußerlich nicht zu sehen. Er hat nicht geglaubt, dass der krank sein kann, dass der Störungen in seinem Körper hat, und dass der vor Schmerzen schreit. Er sieht die Schmerzen nicht, der andere sieht sie nicht. Er fühlt auch nicht. Er sieht auch nichts, und daher glaubt er es nicht.

Er selbst lebt auch nicht in dem Glauben, dass er seinem Nächsten helfen kann. Er stellt ihn beiseite und sagt: „Versuch doch! Du hast doch alles. Dir sind doch alle Möglichkeiten gegeben. Gehe hin zu dem Menschen, er wird dir helfen!"

Und so versucht dieser Hilflose alles Mögliche. Er fühlt sich verlassen. Er fühlt auch nicht, dass sein Nächster sich für ihn einsetzt und ist eben der Verlassene.

Ja, meine lieben Freunde, wenn Menschen wüssten, was für Pflichten jedem einzelnen auferlegt worden sind, und wie wir uns gegenseitig zu helfen [haben], und dass wir dadurch und dann auch das Heil an uns selbst erfahren werden.

Was der Mensch sät, wird er ernten. Nun, wenn Sie eine böse Saat gesät, Sie haben Böses in sich aufgenommen, und das, was Sie in sich aufgenommen haben, geben Sie weiter, kommt auf Sie wieder zurück. Wer diese Erfahrung noch nicht gemacht hat, na ja, der ist nahe dran. So soll es nicht sein !

Der Mensch muss wissen, wozu er hier auf dieser göttlichen Erde, wie er sagt: Ein Leben lang sein darf, und wozu Gott ihm diesen einen, seinen Körper verliehen hat.

Eine Ameise, die wird ihrer nächsten helfen, die wird alles tun, um sie aus der Gefahr herauszubringen, so sie irgendwie, wo, wie, mal verletzt sein soll. Aber das werden Sie selten antreffen, dass eine Ameise sich selbst verletzt.

Sie können mal dazu übergehen. Sie können mal diesen kleinen, tierischen Körper verfolgen, und Sie können auch selbst dazu übergehen, wenn so die Ameisen doch im Gras meistens leben, wo sie den richtigen Boden haben, da können Sie ruhig 'rübergehen. Sie werden nicht in der Lage sein, dieses Tierchen daselbst zu töten. Es sei dann, was von Menschenhand geschaffen, dass man einen festen Boden gemacht, sagen wir Beton, und die Ameise drüber läuft, ja, da können Sie sie töten. Also das haben Menschen geschaffen, Gott hat diesen festen Boden nicht so geschaffen. Er soll ja locker sein.

Nun natürlich haben Menschen sich doch einen festen Weg geschaffen und glauben, das wäre jetzt der richtige, ja das ist der weltliche, hat aber mit dem Göttlichen nichts zu tun.

Aber so die Ameise sich da auch aufhält, wozu sie auch bestimmt ist, werden Sie mit Ihrem großen Körper nicht in der Lage sein, das Tier zu töten. Dann können Sie trampeln wie Sie wollen, und Sie werden es nicht töten können.

Na, fällt Ihnen da nichts auf? Ja, alles was Gott geschaffen, Gott hat es so eingerichtet, dass doch nicht einer den anderen so leicht töten kann.

Nun, wenn der Mensch sich dieser Kräfte bewusst wäre, wie wenn er sie aufnimmt, so er, der Mensch ganz gottergeben ist. Was glauben Sie, meine lieben Freunde, was Sie mit dieser Kraft alles anstellen können?

Ich warne Sie aber, Böses zu tun! Ich warne Sie, nur einen bösen Gedanken aufzunehmen! Ich warne Sie, auf Menschen zu hören, die Böses sprechen, denn das nehmen Sie auf, und Sie werden es hernach weitergeben.

Ich brauch' deswegen nicht so ausführlich werden. In dieser kurzen Zeit ist es nicht möglich. Wir sind ja noch länger hier auf dieser Erde.

Mein Leben ist auch nicht von heut' auf morgen, son-

dern, das heißt, das Hiersein ist für mich bestimmt, und
da ist auch die Stunde festgelegt, wo ich hier abtreten
darf, - für Sie auch.

Ich weiß aber auch ebenso gut, wo ich schon hierbei bin,
dass Menschen in dem Glauben leben, man könnte sie
vom Sterben retten, man könnte sie davon befreien. Das
ist mir das beste Zeichen dafür wie wenig, oder wie der
Mensch nichts mehr von sich, noch von dem Leben überhaupt weiß.

Nun, wo er einen geplagten Körper hat, wo er wahrgenommen, dass in ihm Störungen sind, da hat er alles
Mögliche versucht.

Gott versuchen. - Mhm, mhm! Was weiß er von Gott?
Was weiß er, der Mensch von sich selbst? Gar nichts!

Er glaubt, er wäre hier auf dieser Erde, um nur alle mög-
lichen Versuche anzustellen. Nun, liebe Freunde, haben
Sie noch nicht genug Versuche angestellt? Wer noch
nicht fertig ist damit, der möge das noch weiter tun, bis
er die Lehre hieraus gezogen, dass die Versuche ihm nur
Unheil gebracht haben. Das heißt: er hat eigene Versuche angestellt, er hat sich selbst und seinen Körper in
Versuchung geführt, und das ist ihm zum Übel geworden.

Statt er zu sich zurückfindet, so er doch wissen müsste,
dass er ein göttliches Geschöpf ist, dass Gott ihn geschaffen, und dass Gott ihn für eine Zeit auf dieser Seiner Erde bestimmt hat, dazu hat er uns doch einen Kör-

per verliehen. Ich habe auch so einen Körper, genau wie Sie, so ich mich meines Körpers bediene, so ich die Verbindung zu Gott erhalte, so wird Gott sich meines Körpers bedienen. Er wird sich auch Ihres Körpers bedienen, so Sie wirklich in dem Willen Gottes leben.

Aber ich weiß, der Mensch weiß mit diesem Wörtchen „Leben" nichts mehr anzufangen.

„Was ist das Leben? Ist das ein Leben? Das ist ein Sauleben!" Oder der andere sagt: „Das ist ein gutes Leben! Ich möchte hier nicht mehr ab von dieser Erde! Jetzt habe ich alles, jetzt möchte leben in Saus und Braus!" Und der andere sagt wieder: „So kann es nicht weiter gehen, ich bin ein geplagter Mensch, ich kann mit meinem Körper nichts mehr beginnen!"

Nein. Da ist er, da zählt er zu den Gefallenen. Und jetzt sollte er die Lehre, das heißt, dafür erhalten haben. Er hat sie auch. Nur kommt er nicht drauf, dass das eine Lehre für ihn ist! Dass er von vorneherein das Rechte zu tun hat und seinem Körper das zukommen lässt, was zu ihm gehört. Wie Gott es für ihn, für seinen Körper auch bestimmt hat.

Wie die Ameise es tut, sie ist ganz gottergeben.

Nun könnte ich Ihnen diese Arten, das heißt, Sie würden sagen die Rassen, Menschen, <nennen>. Es gibt Rassen und Tiere, es gibt die Stämme bei den Ameisen, und wie die so ein gutes Leben führen, wie alles so Hand in Hand geht. Ja, jetzt die Ameise Ihnen so klar hinzustellen, würde zu weit führen. Aber Sie verfügen ja auch über Zeit. Nützen Sie die Zeit nur, und betrachten Sie doch mal so ein kleines Lebewesen, und dann werden Sie drauf kommen.

Wie wäre es, meine lieben Freunde, verhandeln können wir nicht drüber, so auch Sie ganz gottergeben sind, dass Sie sich ganz Gott hingeben?

Natürlich müssen Sie das selbst erkannt haben und müssen zu sich selbst stehen, zum Gröning brauchen Sie ja gar nicht zu stehen, zu sich selbst, sich selbst erkennen.

Selbsterkenntnis ist der beste Weg zur Besserung. So Sie das getan haben, so Sie dabei auch bleiben, und so Sie weiterhin auch das tun. Sie bekommen schon all das, was hierzu notwendig ist.

Wie wäre das? Stellen Sie sich das nur mal so vor! Dass Sie ganz gottergeben sind. Wenn Sie sich nichts mehr einbilden, sondern dass Sie glücklich zu dem werden, zu dem Gott Sie bestimmt hat. Wer denn? Sie sind es nicht mehr, wenn Sie die Kraft aufnehmen. Was glauben Sie, was Sie damit alles tun können?

Teil 3

VOM NEUEN BLATT,
den Hilfesuchenden,
und dass es auf Sie selbst ankommt

Ich denke nun mal zurück an unseren Freund, der seiner Zeit in der Zeitung, er ist Mediziner und Journalist, 'Das Neue Blatt', wo nicht nur bei meinem letzten Prozess, sondern der noch nicht ganz abgewickelte Prozess, der noch einer großen Klärung bedarf, auch da, diese Menschen verstehen das nicht, sie wissen nichts, denen muss man erst die Wahrheit sagen, so ich auch Ihnen hier heute die Wahrheit sage. Und da hat dieser Arzt von Freunden gehört, das heißt, sie sind ihn da angegangen und sagten: „Herr Doktor, Sie kennen doch die Frau, die neunundvierzig Jahre lang gelähmt war, Sie haben Sie doch kennengelernt!"

„Ach ja", sagt er.

„Ja, und die Frau ist heute bei bester Gesundheit!"

„Ja, wie ist das möglich?"

Nun ist er nicht einem Fall nachgegangen, so ist er vielen Fällen nachgegangen, und ich erwarte es auch von jedem meiner Mitmenschen, dass sie nicht so leichtgläubig sind.

Um die Wahrheit zu erfahren, haben Sie gleichzeitig die Pflicht, dem zu folgen und auch hier DEM zu folgen, zu dem wir gehören und auch hier die Wahrheit nicht zu erforschen, sondern all den Dingen so weit auf den Grund zu gehen und die Erfahrungen, die er sammeln wird, da wird er das feststellen, dass das, was er hier erlebt, wirklich Wahrheit ist.

Sie haben es ja leicht! Sie brauchen sich vorerst nur auf sich selbst beschränken, auf Ihren eigenen Körper, so Sie ihm Beachtung schenken, so werden Sie es auch erfahren.

Und ich weiß, dass Menschen auch in dem Glauben leben, es müsste so sein, dass hier der Körper Gröning so oft als noch irgend möglich kommt, ihnen das sehr leicht macht, und Sie auch weiter nichts zu tun. Wir warten wieder auf den nächsten Abend.

Falsch! Es kommen immer mehr Menschen, und ich werde immer weniger hier, auch hier, auftauchen können. Darüber müssen Sie sich heute schon im klaren sein.

Aber so Sie die Zeit zu nützen wissen, werden Sie nicht was, sondern wirklich das empfangen, was Sie für Ihren Körper nötig haben.

Dass das nicht notwendig ist, das habe ich jetzt vor wenigen Tagen selbst gelesen, selbst gehört, von Menschen, die den Gröning noch nie gesehen, nur mal was gelesen oder gehört, gleich in welchem Land sie leben.

Wenn ich Ihnen jetzt mal einen Brief vorholen würde aus Südafrika. Ja, war ich denn schon drüben? Das heißt, dieser Körper, nein, und diese Menschen, so vertrauensvoll geschrieben, um Hilfe gebeten. Ich denke da an einen Brief, wo eine Frau geschrieben: „Lieber Gröning! Ich habe auch hier *Das Neue Blatt* gelesen, und ich glaube, dass auch Sie mich von all den Leiden, von denen mein Körper behaftet ist, frei machen können. Ich bin größten Schmerzen ausgesetzt. Mein Arzt bzw. auch die Ärzte haben alles Mögliche versucht, und die Schmerzen wurden immer größer, so dass ich sie noch kaum ertragen kann. Bitte, bitte helfen Sie!"

Natürlich, hatte ich den Brief zuvor nicht geöffnet. Ich kann unmöglich all die Briefe öffnen, die jetzt in der letzten Zeit eingegangen sind. Es sind unzählige, tausende Hilferufe, das heißt, die wie sie brieflich bei mir eingegangen sind. Und jetzt erst vor wenigen Tagen, der Brief war noch geschlossen. Ich finde einen zweiten Brief, kommt auch von dort. Es ist derselbe Name nur ein anderer, das heißt ein Vorname ist da, der ist anders als der erste, und da schreibt schon die Tochter: „Ich danke Ihnen von ganzem Herzen. Meine Mutter ist auf Grund ihres Hilferufes, wo sie doch an Sie geschrieben und Ihnen die Not und das Elend, die Krankheit geschildert, vollständig frei." Ich weiß, der Mensch würde sagen, nun schnell hin nach Südafrika, würden Sie auch sagen: „Nun, schnell kommen."

Freunde, was ich so in letzter Zeit, was sich da abgespielt, was ich habe abwickeln müssen, ist unbeschreiblich. Aber dazu stehe ich heute nicht hier, um Ihnen womöglich das schmackhaft zu machen.

Nein, ich bin nur hier, um allen die Wahrheit zu sagen.

Wie Gott für uns, für jeden Menschen doch alles so gut
eingerichtet, und dass wir nur Ihm folgen müssen, und
das in uns aufnehmen, was Gott für uns bestimmt hat.
Und so könnte ich mehrere Fragen stellen, wie das nur
möglich ist; dass Menschen frei werden.

Ich denke jetzt an eine Frau, die mir hingegen behilflich
ist und die Briefe beantwortet.

Wenn einer sagt, er hat keine Zeit, so will ich Ihnen
einen Menschen schildern, der sonst auch keine Zeit hat,
der tagsüber schwere körperliche Arbeiten verrichten
muss, Landarbeit. Sie ist eine Frau, die von Sonnenauf-
gang und noch viel weiter hinein bis Sonnenuntergang
schwer schaffen muss. Und abends setzt sie sich nieder
und beantwortet die Briefe, die ich ihr überlassen habe.
Und so geht es tagein, tagaus. Vor zwei Uhr nachts
kommt sie nicht ins Bett. Es wird immer etwas drüber.
Um fünf Uhr muss sie das Bett schon verlassen. Also
knapp drei Stunden verbleiben für diese Frau, dass sie
ihre tägliche Arbeit noch, ihre täglich körperliche Arbeit
noch verrichten kann. Aber sie schafft es einfach.
Warum? Sie tut doch Gutes, nicht nur für sich, sondern
auch für ihre Mitmenschen. Und da bekommt sie so viel
Kraft. Diese Frau teilte mir letztens mit, sogar telefo-
nisch, dass sie doch alle Briefe schon beantwortet hat. Es
war wohl eine mühselige Arbeit. Aber sie hat es gerne
getan, und sie ist heute so beglückt, so beseelt von all
dem, was sie an Antwort von diesen Freunden schon erhalten hat. Sie hat schon eine dicke Mappe angelegt,
dass Menschen, die mich hier um Hilfe gebeten, tatsächlich die Hilfe schon erhalten haben. Sie fühlen sich ge-

sund, viele dieser schreiben auch ganz deutlich, es sei
ein Wunder geschehen.

Teil 4:
GLAUBEN und SELBSTVERTRAUEN
Aber Vorsicht vor der Einbildung

Zu all diesen zählt auch eine Frau, die vollständig aufgegeben war von Menschen. Sie hatte nur noch einen einzigen Wunsch, einen Brief zu schreiben, einen Bittbrief
an Gröning, - na, kleines Persönchen. Diese Frau hatte
den Brief fertig geschrieben, in dem sie ihren Wunsch zu
Papier brachte. Den Brief versiegelt auf dem Tisch liegen
lassen, und dann teilt sie mit, dass folgendes geschehen.
Es war ihr erst so komisch im ganzen Körper. Es ist ein
Gefühl, das ihr fremd war. Und der ganze Körper war erfasst und wurde frei von all dem Bösen, mit dem sie sich
Jahre 'rumgequält und wo Menschen alles Mögliche versucht. Sie ist vollständig frei. Sie zählt heute zu den ge-
sündesten Menschen. Natürlich stehen die Ärzte und die
Verwandten und Bekannten und all ihre Nächsten vor einem großen Rätsel. Wie ist das möglich? Die hat doch
den Gröning nicht gesehen, nicht einmal gehört. Nur etwas gelesen, da kam ihr der Gedanke: „Ich glaube, dieser
Mann kann mir auch die Hilfe geben. Er wird helfen."
Das ist das Selbstvertrauen. Das ist Glauben, meine
lieben Freunde!

Ja, und auch Sie werden sich sagen: „Wie ist das möglich,
bei der geht das so schnell?"

Ja, die hatte doch nur einen einzigen Wunsch, und dieser
Wunsch war der göttliche. Der Mensch hatte das Verlangen, dass sein Körper wieder die vollständige Ordnung
zurückerhält, und er hat Gott gleich ein Versprechen ge-

geben. Sie würden sagen, er hat ein Gelübde abgelegt, indem er Gott versprochen hat, jetzt immer ein guter Mensch zu sein. So er jetzt dazu steht, wird es bleiben.

So er aber wieder dem Bösen verfällt, so er wieder auf das Böse hört, so er böse Gedanken in sich aufnimmt, so wird er nach und nach das Gute wirklich wieder verlieren.

Ja, Sie haben geglaubt, das ginge nur so, und es kommt der Gröning. Wie Sie das gewohnt sind von Menschen, wenn Sie zum Arzt, zum Heilpraktiker gehen, der macht da so'n Hokuspokus und... fertig!

Nein Freunde, so ist das nicht. Es kommt nicht auf Gröning, sondern es kommt auf Sie selbst an. Es nutzt ja gar nichts. Es kommt auch nicht auf Gott an, es kommt auf Sie an. Gott tut schon das Rechte, Gott hat schon alles bestimmt. Nur müssen Sie glauben. Ich weiß, dass Menschen heute so sehr von sich eingenommen, die sehr erhaben sind. Wer glaubt heute noch an Gott? Doch ein Schmarren, na ja eine Religion, muss man ja haben, und die Dummen muss man irgendwie wo führen, und die muss man das glauben machen, dass es einen Gott gibt. - Auch solche Menschen gibt es.

Nun, meine lieben Freunde, so auch Sie das Gute bejahen, so Sie doch das Gute für sich selbst für Ihren Körper, auch für Ihren Nächsten nötig haben, und Sie glauben heute noch gar nicht daran, dass Sie ihren Nächsten auch helfen können. So dies geschehen, so warne ich jeden Menschen, nur nicht, dass er sich dann daraufhin

was einbildet und von sich aus Behauptungen aufstellt:
Er könne heilen.

Vorsicht! Davor warne ich! Ich kann auch nicht heilen.
Aber ich kann Sie, ich kann jeden Menschen zum Heil
führen. Ich kann helfen und kann jedem Menschen die
Verbindung wieder geben, die er wirklich nötig hat, die
Verbindung zu Gott.

Aber aufnehmen müssen Sie. Sie müssen auf Gott hören,
und Sie müssen diese Seine Sendung, die wie Er sie für
uns, für jeden Menschen, für jedes Lebewesen bestimmt, auch aufnehmen, wie die Ameise, wie jede
Pflanze es tut, wie jedes Tier; nur Menschen haben keine
Zeit dafür.

Sie können nicht glauben, dass sie in der Lage sind, so
viel Kraft in sich selbst, in Ihrem Körper aufzunehmen,
und so Sie den guten Willen haben, Ihren Nächsten zu
helfen. Na, wer heute neu hier ist, der wird sagen: „Ja,
wo hat's denn so etwas gegeben? Wer kann daran glauben?"

Doch, meine lieben Freunde, wenn Sie heute noch nicht
glauben können, dann werden Sie aus diesem das ent-
nehmen können, dass es Ihre eigene Pflicht, sogar Schuldigkeit ist, Ihrem Nächsten zu helfen. So er nicht mehr
glauben kann, er sich verloren sieht, müssen Sie für ihn
eintreten, müssen Sie für ihn schaffen.

Mein Leben ist DEIN Leben. Es ist EUER Leben. Ich lebe
für Sie, und ich habe all das nur getan, was, woran Men-

schen nicht mehr gedacht, wo Menschen schon für sich selbst keine Zeit mehr hatten und wo Menschen sich selbst in Vergessenheit gebracht. Und daher sage ich mit Recht: Ich bin nicht menschenhörig. Ich bin weiter nichts als nur gotthörig. Ich tue nicht erst was, sondern ich tue nur das, was der Mensch nötig hat. Was der Mensch schon lange abgelegt, was er verloren hat, was ihm wirklich verloren gegangen ist, und er heute nicht mehr hier in der Göttlichen Ordnung lebt! Dass ich ihn da wieder zurückführe und ihm das klar mache, wer er ist, wer ihn geschaffen, und zu wem wir alle gehören.

Gott gehört nicht zu uns. Wir gehören zu Gott. Ich weiß, dass es Menschen gibt, die zu Gott beten. Die von Gott alles Mögliche verlangen! Sie verlangen sogar, dass Gott ihnen die TOTO-Zahlen sagen soll, und all das hat man von mir auch verlangt. Sie verlangen alles Mögliche. Sie verlangen auch, so wie sie zu Gott selbst sprechen, was sie sich überhaupt unter Gott vorstellen, lassen wir das noch dahin gestellt sein, aber sie sagen so vor sich hin: „Gib mir meine Gesundheit wieder!"

Gott gibt ihnen ja alles. Aber er zieht ja aus all dem dann keine Lehre, wenn Gott ihm gleich all das so geben würde. Er hat kein Recht, auch nicht das geringste Recht und das Geringste zu verlangen.

Erlangen kann er es nur, und so er, der Mensch, sich vom Bösen löst, so er gewillt ist, das Gute, das Göttliche in sich aufzunehmen, nun dann tut er recht. Dann wird er das auch an sich selbst, am eigenen Körper empfinden. Verlangen können wir er nichts, gar nichts. Oder glauben Sie, es ist möglich?

So sag ich mal, was will so eine kleine, sage ich ruhig,
Kreatur. Verstehen Sie das nur nicht falsch? Was will ein
so kleines Lebewesen? Sie wissen ja noch gar nicht, wer
Gott ist, wie Gott ist, und über wie viele Kräfte Er verfügt, und was Er alles geschaffen. Das nehmen Sie alles
so ohne Überlegung mal hier, und das ist alles so richtig.
Mhm, nein, so ist dem nicht!

So Gott uns diesen Körper verliehen, wie Er ihn bestimmt, selbst geschaffen, und hier wachsen und ver-
mehren sich die Körper, wie in einem großen Werk, und
einer gleicht dem Anderen. Nichts ist im Körper vergessen, es gibt schon mal, dass er nicht ganz einwandfrei ist,
dass nicht Fehler drin sind, sondern dass er nicht voll
und ganz geschaltet ist. Aber dann liegt es nicht an Gott,
sondern da liegt es an dem Menschen, wo er sich selbst
an seinem Nächsten schon versündigt hat, und dann hat
er hernach einen Krüppel, und da hat er hernach ein
Kind, wie er sagen würde, das nicht normal ist, das nicht
in Ordnung ist. Ist's richtig? Aber so weit wollen wir heute nicht gehen. Wenn der Mensch sich nur nicht so sehr
was einbilden würde. Wenn er wenigstens zu dem wieder wird, wozu er bestimmt ist, und dass er das Gebilde
bleibt, so Gott ihn auch geschaffen, und dass er das tut,
was er zu tun hat. Dann brauche ich gar nicht zu sprechen. Mit Recht sage ich: „Liebe das Leben, Gott"!

Aber der Mensch weiß ja mit dem Leben nichts anzufangen, der weiß ja gar nicht, was Leben ist.

Leben ist ja Gott.

Liebe doch das Leben, Gott. Gott ist überall.

Aber nütze es auch und vergeude es nicht. Der Mensch verlebt das Leben. Er erlebt es nicht mehr, nicht mal mehr an sich selbst, nicht mal mehr an seinem eigenen Körper.
Nun ist aber Zeit, dass Sie jetzt Ihrem Körper Beachtung schenken, und da fühlen Sie nicht erst was, sondern wirklich das, was sich in Ihrem Körper zeigt, das ist Wahrheit!

Was nutzt all das Gerede, wenn Sie doch dabei nichts fühlen, und wenn Sie nur einen Ihrer Nächsten kennenlernen wollen. Wie ist das wohl möglich, wo Sie selbst nicht mal wissen, wer Sie sind. Sie haben sich selbst noch nicht erkannt. Also, verhandeln wir nicht, aber so Sie jetzt wirklich Ihrem Körper Beachtung schenken, dass Sie sich von dem Bösen lösen, dann ist <es> gut.

Ich denke nun gestern, ich bin schon einige Tage daheim, bei mir hat der Tag vierundzwanzig Stunden. Ich werde aber nicht müde. Ich kenne keinen Hunger und werde nicht krank, wie man sieht, im Gegenteil. Je weniger Schlaf, je weniger Essen, desto stärker wird man. Man nützt die Zeit, aber ich nütze sie ja nicht für mich, <sondern> für Sie. Ich werde nicht müde, ich kämpfe für Sie, ich lebe für Sie. Aber wollen Sie nicht auch was dazu tun, wollen Sie nicht folgen? Sie haben es doch nötig.

Und so denke ich jetzt an eine Frau, die gestern sich

nicht halten ließ von meinen Nachbarn: „Sie müsse unbedingt dem Gröning danke, danke sagen."

Wie Sie wissen, ich lehne jeden Dank ab. Der Dank gehört nicht mir. Danken wir Gott dafür.

Diese Frau war so übel dran, hatte gute fünf Jahre ein Rückgratleiden, und was sie sonst noch für Gebrechen hatte. Natürlich hat sie alles Mögliche versucht, wie sie, die Frau und der Mann mir das gestern so kurz bestätigte. Versucht alles Mögliche, der Papa sagt: „Ja, an Geld hat's nicht gemangelt, und ich habe schon die größten Kapazitäten ausgesucht. Alle haben sie versucht, und meine Frau war immer Schmerzen ausgesetzt, und sie war ein Wrack. Und jetzt kam ihr Nachbar, den wir schon länger kennen, weil sonst meine Frau mit ihm gesprochen hat, und da fiel auch der Name Gröning. Ja, sie war sehr interessiert.

Sie hat es auch nötig gehabt. Und mein Nachbar sagt: „Da brauchen sie gar nicht zu Gröning, das ist gar nicht notwendig."

Er klärte sie kurz auf. Er sagte das, wenn auch in kurzen Zügen, was er an Wahrheit schon erfahren hat, und wie das vor sich geht und wie das so möglich ist.

[BG zur Frau] Warum wollen sie meinen Nachbarn, wie er immer sagt, behängen? Er hat keine Zeit. Der ist so vollauf beschäftigt. Knapp, dass ich ihn mal zu sprechen bekomme.

Die Frau sagt: „Ja, da muss ich mich mit abfinden."

Er sagt: „Ja, das ist richtig." Der Nachbar sagt aber: „Sie werden mir bald das sagen, was sie wirklich erwartet haben. Und sollten sie mal das Glück haben, mit Gröning zusammenzukommen, kommen sie ja nicht mit dem Gedanken nur zu ihm - um Krankheit. Mit dieser hat er nichts gemein, und erwarten sie auch nichts Böses von ihm, aber kommen sie auch nicht damit."
Die Frau sagt: „Ja, ich glaube wirklich, dass er über die Kräfte verfügt usw."

Bitte, ich will mich da nicht zu weit äußern. Sonst könnten Sie noch auf die Idee verfallen, dass Sie glauben würden, das wäre Suggestion. Ich habe auch mit diesem nichts zu tun, erst recht nicht mit Hypnose.

Nun die Frau ist von da ab, wie sie es am eigenen Körper feststellte, ganz gesund. So jung war sie noch nie, und das sagte sie nach Tagen erst ihrem Mann. Sie wollte sich erst überzeugen, und sie ist überzeugt und hat nun weiter nichts zu tun. „Ich muss hin, ich muss hin, ich muss hin zum Gröning." Immer um die schöne Zeit berauben. Aber naja, so der Mensch das Göttliche schon in sich aufgenommen hat, dann werde ich ihm nicht die Tür weisen, auch wenn die Zeit knapp ist, wenn ich sie wirklich nützen muss. Er, dieser Mensch, gab mir dafür die Bestätigung.

Teil 5

EIN ANRUF
im Vertrauen

Aber wie oft kommt das vor! Wie oft werde ich an's Telefon gerufen, und wie die Menschen so sind, werde ich da zu dem einen oder dem anderen gebeten. Ja, was glauben Sie, liebes Kind, so ich zu den Menschen so spreche. Sie glauben, ich selbst, ich persönlich muss dabei sein, was sie unter persönlich verstehen.

Haben Sie Vertrauen und glauben Sie, auch Sie können helfen. Gehen Sie zu Ihrem Vater. Gehen Sie zurück zu ihm und berühren Sie nur den Körper, und er wird frei sein von all den Schmerzen, die er kaum ertragen konnte, und hat Schlaf er nötig, er wird auch schlafen. Aber sagen Sie ihm das nicht! Sagen Sie gar nichts, gehen Sie nur hin. Rufen Sie mich hernach an. Und was hat dieses Kind getan? Nach einer guten halben Stunde hatte sie wieder angerufen: „Als ich den Körper meines Vaters berührte, schwanden alle Schmerzen."

Ja, was ist denn das, ist das Hexerei? Nein Freunde, dieser Mensch hatte das Gute aufgenommen, die gute Göttliche Kraft, wirklich, und hat sie in den Körper des Vaters übergeben, durch Berührung. Sie machen sich gar nichts draus, Händchen geben, fertig aus - aus, erledigt. Das ist alles kein herzlicher Druck, wenn nicht; es ist nichts Herzliches mehr in den Menschen. Das ist so Macht der Gewohnheit, so Händchen geben. Hier aber geht etwas Anderes vor, und tatsächlich kam es auch zu dem, wie die Tochter sagte: „Und dann verfiel mein Vater in einen tiefen Schlaf." Und das hatte er auch nötig. „Ja und als er aufwachte", er ist erst - ist noch sehr jung, er ist erst einundachtzig Jahre alt, und sagte: „Kinder ich fühle mich wie neu geboren."

Auch dieser Mann hatte schon einmal Hilfe erhalten und sein Hausarzt, wo ich ihn doch gebeten habe, ihn beizubehalten nicht weiß, was sich hier abspielt. Er steht vor einem Rätsel und sagt: „Da, an dem Vater ist ein großes Wunder geschehen." Der hat<te> ihn aufgegeben.

Nun möchte ich Ihnen das nicht alles aufzählen, wo er die Körperschäden aufzuweisen hatte und hier zu guter Letzt war er noch Schmerzen ausgesetzt, also nach einer langen Zeit, aber, niemand wusste ihm zu helfen.

Teil 6

CHRISTUS

und seine Jünger

Nun, und wenn auch Sie gut hören und all das Gute be-
folgen, haben auch Sie, hat auch der Nächste Erfolg.
Glauben Sie das?

Wie waren die Jünger einst, die Christus immer wieder
angegangen und sagten: „Herr, ich kann nicht helfen,
das ist ein zu schwerer Fall und dazu viele Schmerzen, da
kann ich nicht helfen."

Christus sagte: „Helfen kannst Du, aber glauben kannst
Du nicht. Du glaubst nicht, dass Du helfen kannst. Du
kannst, so Du es willst. So du das Gute bejahst."

Und Christus mühte sich immer wieder hin zu den
Kranken und zeigte seinen Jüngern und gab ihnen dafür
Beweise auch an Hand vieler Gleichnisse, so dass sie erst
einmal verstehen, und doch stellten sie hernach fest,
und doch verfielen sie immer wieder in den Unglauben.
Sie konnten nicht glauben, dass sie weiterhelfen können.

Nun glauben Sie, dass Sie schon Ihrem Nächsten helfen
können? So Sie nicht gottergeben sind, können Sie nicht
helfen. Aber so Sie das Göttliche schon in sich aufgenommen haben, können Sie helfen. Und ich gebe doch
immer wieder die Beweise dafür. Ich weiß, dass die
Mediziner zu mir gekommen sind, <und> sagten: „Gröning! Sagen Sie das nur nicht den Menschen, dass einer
dem anderen schon helfen kann."

Und so vieles andere mehr. Aber lassen wir das beiseite.
Aber das hier, wenn ich nur eine einzige Frau herausho-
le, die ich Ihnen schon so kurz geschildert, die Bäuerin,
sie trägt den Namen Thomsen und hat in Norddeutsch-
land in einem Jahr gute tausend Menschen auf den guten Weg geführt. Diese Menschen haben die Wahrheit
am eigenen Körper erfahren. Sie würden sagen, sie sind
alle gesund geworden. Ja, gerade von Krankheiten, die
Menschen als unheilbar bezeichnet hatten, und diese
jetzt im einzelnen aufzuzählen würde zu weit führen,
muss auch nicht sein.

Aber sie hat einfach geglaubt... und sie folgte auch, und
sie tat nicht erst was, nur das, was ich sagte, was hauptsächlich ist, und ich habe sie gebeten, das Nebensächliche beiseite zu stellen, sich selbst aber nicht als nebensächlich zu betrachten, sondern als hauptsächlich, und
dann das Hauptsächliche annehmen, das immer annehmen, was all die Nächsten, die um Sie sind, nötig haben,
für sie - aufnehmen. Nun, was würde werden, wenn ich
jetzt sagen würde: „So, so Sie heute hier sind und jeder
weiß doch, wo einer ist, einer Ihrer Nächsten ist, dem
sein Körper nicht mehr in der göttlichen Ordnung ist, der
in vollständiger Unordnung, aber sie würden sagen, der
krank ist, und da glauben Sie nicht, dass Sie helfen können."

Wenn ich ja sage, und Sie wirklich glauben, aber wirklich,
dass Sie mit dem ganzen Herzen dabei sind, dass Sie
wissen, wozu Ihr Herz schlägt. Sie können helfen!

Teil 7

ERFAHRUNGEN mit dem STAAT
Fragen sind Verweise auf die Regelungen

Im heutigen Staat ist es doch so, wer seinem Nächsten hilft und der gesund wird, der wird bestraft. Von menschlicher Seite bin ich bestraft worden. Ja, aber es geht noch weiter, und ich bin nicht ein Mensch, der seinen Nächsten anzeigt. Ich zeige mich selbst an. Das verstehen Sie noch nicht, aber ich verstehe es; dann bin ich Kläger und Angeklagter zugleich, nun ich werde mit dem Gröning schon fertig. Und wenn nicht mit dem Gröning, dann mit dem Bruno.

Der Bruno wird mit dem Gröning und der Gröning mit dem Bruno fertig. Wir sind uns schon einig. Aber das sollen Menschen sehen, das sollen sie erfahren, wie das vor sich geht.

Und ich frage mich immer wieder selbst, wenn Sie sich auch selbst fragen würden und selbst Fragen auferlegen, und diese dann lösen; <das> wäre auch gut. Ich bin nicht so feige wie Menschen es sind, die nicht einmal ehrlich zu sich selbst sind. Sie sagen nicht, sie sind schuld, nein ein anderer ist schuld. Ich weiß, dass ich schuld bin, dass ich Menschen zum Heil verholfen habe, dass Menschen heute wirklich in der göttlichen Ordnung leben. Dass Menschen in ihrem Körper die Ordnung als Gott wahrgenommen haben, und dass sie sich wohl fühlen, dass sie gesund sind. Und der Vater Staat, die Justiz verbietet es.

Ja, Sie dürfen nicht helfen. Also damit haben wir doch festgestellt, dass die Menschen hier auf dieser Erde nur das Böse wollen. Würde ich Böses tun, würde ich auf all die hören, die das Böse wollen, dass ich menschenhörig wäre, dann bekomme ich ein Lob. Dann ist der Weg frei, frei zum Bösen.

Aber da will ich nicht hin. Ich habe mit dem Bösen nichts gemein, und ich werde auch nicht mit denen <in> einen Bund treten und werde mit denen auch keinen Pakt abschließen, im Gegenteil.

Daher rate ich all meinen Mitmenschen immer wieder an: Sich von dem Bösen zu lösen, dass [er] mit dem Bösen nichts mehr gemein hat, dann ist <es> gut.

Auch wenn sie mir heute noch, teils noch, feindlich gesonnen sind, dass sie heute noch nicht glauben können. Ich mach's Ihnen leicht Freunde, glauben Sie dann doch nicht an Gröning, stellen Sie ihn ganz beiseite.

Glauben Sie wenigstens an sich selbst und an das, was Sie für sich, für Ihren eigenen Körper nötig haben, und was Ihr Nächster auch nötig hat, dass in ihm die Ordnung zustande kommt.

Genau gesagt, wie wollten Sie auch an Gröning glauben, wenn Sie nicht mal an sich selbst und nicht an das glauben, was Sie nötig haben? Sie können doch nicht glauben, viele noch nicht an Gröning glauben, Gröning, Körper, ob er Meyer, Schulze könnt genau so Meyer Schulze oder Huber heißen. Und kann man glauben? Die weiteren Geschwister Christi und alle Bekannten, das heißt die ihn kannten seit seiner Kindheit, haben auch nicht an ihn geglaubt. Wir sind doch mit ihm aufge-

wachsen. Er ist doch der Zimmermann, und zanken will
ich auch nicht, noch ein Zimmermann, und an den soll
man glauben.

Nein Freunde, das ist auch heute so, wie Christus selbst
sagt: „Der Prophet, wie heißt es doch?"
P[16]: „- gilt nichts im eigenen Land."
Aha, - und das müssen auch Sie wissen, dass Sie auch in
ihrer Umgebung nichts gelten, und dass man Ihnen auch
keinen Glauben schenken kann. Aber da glauben Sie für
sich, glauben Sie für ihre Nächsten. Das ist gut.

Nun brauchen wir ja nicht dazu übergehen, wie Menschen es sonst so gewohnt sind. Aber da wir gerade so
nett beisammen sind, will ich doch so einige Fragen an
Sie richten.

Nun brauchen Sie nicht ängstlich zu sein. Ich bin nicht Ihr
Feind, ich bin Ihr Freund. Wenn Sie mich auch noch nicht
mögen als Freund, noch nicht anerkennen können, bleibt
sich gleich. Aber wenigstens, dass Sie ehrlich sind, dass
Sie die Wahrheit sprechen, und dass Sie wirklich jetzt gut
folgen. So sage ich Ihnen, was das Wichtigste ist.

Einmal müssen Sie sich darüber klar sein, dass Sie, dass
jeder ein göttliches Geschöpf ist, und dass jeder von Ihnen und so viele unserer Mitmenschen das Gute, das
Göttliche nötig haben.

____

16 P(erson): Die Anwesenden werden mit 'P.' abgekürzt. Bruno Gröning wird innerhalb seines Vortrages nicht selbst in „Anführungszei-
chen" gesetzt, es sei denn, er wiederholt die wörtliche Rede eines Anderen.

Aber vorerst mal Sie. Und dass Sie sich jetzt von all dem Bösen lösen, dass Sie mit dem Bösen nichts gemein haben, denken Sie nicht mehr daran, das heißt, nehmen Sie diesen bösen Gedanken nicht mehr auf.

Zweifeln Sie <es> nicht an; das Gute.

Machen Sie endgültig Schluss mit dem Bösen.

So ist es heute, bevor ich noch hierher kam. Bis auf die letzte Minute geschafft! Ich wollte kommen, konnte nicht. Ein Mann ging nicht von der Tür.

„Nein", sagte er[17], „ich gehe nicht, ich will ihren Mann nur sehen. Ich will ihm nur die Hand drücken." Da war er schon eingedrungen.

„Ist ja lieb, lieber Freund, wie haben Sie sich es vorgestellt?" [sagte ich]. „Ja", sagte er, „mir sind die Gedanken gekommen, und ich bin nicht abgegangen, und ich war ein Wrack noch, als ich 'reinkam. Aber ich fühle, dass ich ganz gesund bin, und ich frage jetzt nicht mehr, wie das möglich ist. Ich bin wirklich gesund."

So schnell geht es! Das können Sie auch haben. Aber dieser Mensch hat wirklich gewusst, was er wollte und schenkte auch seinem Körper Beachtung.

Da habe ich's nötig. Dieser war gequält, er war schwach, ist krank. Er ist nicht mehr in Ordnung. Ich will, dass in ihm die Ordnung zustande kommt. Ja, dann geht's

---

17   Zu Grönings Ehefra

schneller. Der Mensch hat sich wirklich von dem Bösen gelöst. So er jetzt immer zum Guten, zu Gott steht, wird's immer gut. Das Gleiche wollen auch Sie.

Man wirft mir das vor, vor Gericht, wenn ich ihm Fragen stelle, wie es ihm geht. Man glaubt, man hätte ein Recht, nach dem menschlichen Gesetz mir das zu verbieten. Hm, ich frage mich danach, ich bin ja nicht menschenhörig. Ich kämpfe für Sie auch noch weiter vor Gericht, und es gibt wirklich nicht nur Prozesse, sondern jetzt Prozessionen. Wissen Sie, so endlos, bis der Weg für Sie frei ist. Das sind Sie mir wert, und dazu bin ich auch hier. Das tue ich für Sie, und was tuen Sie, für sich? Für mich brauchen Sie nichts tun! Was tun Sie für sich?

Also, darüber müssen Sie sich jetzt im Klaren sein. Nun schenken Sie doch Ihrem Körper wirkliche Beachtung und lösen sich von dem Bösen, und was stellen Sie dabei fest?

1.P. : „Ich fühle mich wohl."
Bitte?
1.P.: „Ich fühle mich wohl."
Was ist das für ein Gefühl in Ihrem Körper?
2.P.: „Es zieht."
Hat es früher auch so gezogen, wie es jetzt zieht?
2.P.: „Nein."
Ist Ihnen das fremd?
2.P.: „Ja."
Fremd geworden? Ich antworte Ihnen gleich. Vielleicht hören Sie besser auf Ihren Körper.
3.P.: „Ich bin ganz krabbelig."
Wer? Sie sind krabbelig oder es ist krabbelig? [Undeutliches]

Bitte?

3.P.: „Im Körper."

Liebe Frau. Grübeln Sie doch nicht so! Nehmen Sie doch nicht wieder die bösen, die kranken Gedanken auf. Sie dürfen keinen Einlass mehr haben.

Ich nehme ja auch keinen bösen Gedanken auf. Sie können alles anstellen, wenn mir einer kommt und mir über etwas Böses berichten würde, auch nur über einen Schmutzartikel, dann sag ich: „Schschschtt!" Will ich nicht hören! Interessiert mich doch nicht.

Das wird sich sammeln, und das kriegt einer mal, der kann das bearbeiten. Wird der Dreck auch schon weggeräumt werden. Aber das brauch' ich heute hier nicht sagen, was weiter auf meinem Programm steht.

Und glauben Sie, dass die Ordnung in Ihrem Körper zustande kommt? Würden Sie mal aufhören zu glauben, dass Sie doch nicht mehr glauben können, da Sie ja doch von Menschen umgeben sind, die Sie um den Glauben bringen.

Dann will ich für Sie so lange glauben, dass es nicht aufhört, das heißt, dass Sie immer die Verbindung zu dem haben, zu dem auch Sie, wir alle gehören.

Das tue ich für Sie, daran können Sie auch glauben. Aber dann nicht bequem werden und sagen: „Er tut es ja für mich. Dann kann ich ja mal ungläubig werden, dann kann ich ja mal den Glauben anzweifeln, dann kann ich mich ja mal gehen lassen, soll er es für mich tun."

Nein!, Freunde jeder muss laufend seinem Körper Beachtung schenken, er darf <ihn> ja nicht außer Acht lassen, und wenn er es tut, wie er es bisher getan hat, dann stelle ich die Frage an Sie: Brauchen Sie Ihren Körper nicht? Ist er Ihnen so nebensächlich geworden?

Oh, ich könnte Ihnen viele Gleichnisse aufzählen, wie Menschen heute so sind.

Dies ist genau so: Ich tauche in Monaco auf, in Monte Carlo, und sehe <ich> ein Schild. Hier wird deutsch gesprochen, sage ich zu meiner Frau: Ja, dann brauche ich Dich nicht mehr, sag' ich, als Dolmetscher hier. Ich brauch' sowieso keinen Dolmetscher. Aber, mache so einen Scherz, und da kommt das Ladenfräulein 'raus.

„Gröning!" [ruft das Fräulein erstaunt.]

Sag ich: Halt, liebes Kind, ich bin verheiratet!.- Nun, so ein Scherz ist immer angebracht, aber wie glückstrahlend dieses Mädel war: „Ich war bei Ihnen in München."

Sag ich: Ja, das weiß ich. Und ich erzählte ihr das, was ich für Fragen in München gestellt, - wie auch hier, - vergesse ich nicht, ist schon lange her, wie sie sagt. Aber es ist doch noch gar nicht so lange her. Es war im Jahre 1950. Und Sie haben dort und dort gesessen, und ich habe diese und jene Frage an Sie gerichtet. Sie haben mir diese und jene Antwort gegeben.

„Mein Gott", sagt sie, „das wissen sie alles?"

Ja, sag ich, warum nicht? Bin ja nicht zerstreut in Dich.

Habe ja meine Ordnung und nehme ja nur das auf, was
wertvoll ist. Auch für Sie! Ich vergesse keinen. Genau wie
Sie da vorgehen mit Ihren Photoapparaten, einem Festhalten wie im Knipsen und dann haben Sie's. - Schauen
Sie sich hier mal das Bild an, aber ich habe es. Da! Das
können Sie auch haben.- Nun möchte ich nicht gleich zu
den technischen Wundern übergehen, wie wir ja auch
aus diesem [allen], das heißt, Sie, aus diesem ja schon die
Lehre ziehen könnten.

Na gut, - jedenfalls hat dieses Mädel meinen Rat befolgt.
- Ich habe gedacht, sie kommt von sehr weit her, Vater
spricht Deutsch.

[Bruno Gröning damals in München an das Mädchen :]
„Aber sowie Sie daheim sein werden, gehen Sie bitte zu
ihrem Arzt, lassen sich gründlichst untersuchen!" Wie Sie
sich heute hier wundern, dass das alles möglich ist. Was
Sie hier gesehen haben, und was Sie hier von Menschen
erfahren haben. Wie Sie plötzlich die vollständige Ordnung in Ihrem Körper zurückerhalten.

Das Gleiche werden auch Sie an Ihrem eigenen Körper erfahren, aber äußerlich ist es nicht sichtbar, das heißt, es
steckte in Ihrem Körper, das heißt die Unordnung war
vollständig in Ihrem Körper.

Und der Weg war nicht zu weit. Stellen Sie sich nicht vor,
dass dieses Kind reich ist, das heißt, an Geld, an Besitz-
tum, nein. Das letzte Geld hat sie genommen, noch was
dazu gepackt.

„Aber das ist mir meine Gesundheit wert, da ist mir kein

Weg zu weit und auch kein Geld zu schade, und wenn ich mein ganzes Leben dafür arbeiten muss." waren auch die Gedanken, waren auch die Überzeugung dieses Menschenkindes.

Während, als sie heimkam, sagten die Ärzte: „Ja, was ist mit Ihnen geschehen? Hier ist ein Wunder geschehen."

Ja, und so wundert sich der eine wie der andere. Sehen Sie Freunde, aber nicht nur da allein in Monaco, sondern ich habe noch anderweitig, auch in Frankreich, man glaubt nur Frankreich und wird mich keiner erkennen, habe ich so viele Freunde angetroffen, das heißt, waren auch Deutsche da, ja, aber es waren auch Franzosen oder Menschen aus irgendeinem anderen Land da. Ja, und alle so kommen sie auf einen und wollen einen noch behelligen, und auch hier muss ich sagen und fragen: „Sehen Sie Freunde, warum ich frage? Es hat schon seinen Grund, hat nur diesen Grund, damit Sie sich dann drauf besinnen."

[Bruno Gröning zitiert einen Freund]: „Gröning, als ich Sie zum ersten Mal gesehen, war ich dort und dort in der und der Gemeinschaft, und Sie haben diese und jene Fragen gestellt und ich habe sie so und so beantwortet. Vergesse ich in meinem Leben nicht!"

Es braucht ja nicht so lang zu sein, und deswegen möchte ich mich auch mit Ihnen so kurz unterhalten, damit Sie es ja nicht vergessen. Natürlich wird es von der menschlichen Seite anders ausgelegt.

Teil 8:

EINBILDUNG, VERBILDUNG

(Vom Sinn der natürlichen Körperhaltung und der Fragen
an die Freunde!)

Hier habe ich nichts zu lachen, aber da muss ich doch lachen, wie Menschen doch so eingebildet sind. Wie Menschen sich auf ihren Beruf was einbilden. Wollten Sie,
liebe Freunde, dass ich jetzt auch zu den Eingebildeten
zähle, dass ich sage: „Ach, was wollt ihr kleinen Kreatu-
ren? Und soll ich so sein? Und soll ich das, was ich weiß,
alles für mich behalten? Soll ich es Ihnen nicht mitteilen?
Soll ich es Ihnen auch nicht als Wissen mit auf den Weg
geben? Wie wollen Sie das?" Ich weiß, es hat Menschen
gegeben vor meiner Umgebung, die sich da groß in
<den> Sessel gesetzt haben, Zigarren geraucht, natürlich
mit Krawatte und gut gekleidet[18].

Ja, von dem, das sie eingenommen hatten, muss ich
auch sagen - und dass diese Menschen...

Oh! Was glauben Sie, wenn Sie daran wollten, um zu
Gröning zu kommen?

---

18   Sie bauten sich viele Häuser, schmückten sich und ihre
    Wohnungen, hatten Autos und fühlen sich durch ihr Wissen vor
    Bruno Gröning erhaben.
    Bruno Gröning und sein Werk wurden zeitlebens von
    Scharlatanen und Managern ausgenützt. Er blieb selbstlos und
    bat höchstens darum, ihm das Reisegeld zu schicken, falls er
    kommen solle, wenn er kein Geld hatte. Aufwand- oder
    Spesenrechnungen waren ein Unding für ihn.

Mhm, da mussten sie viel, viel geben und kaum, dass
diese Herren sich haben sprechen lassen! Nun, wo sie
sich einbildeten, sie wären Herren. Und als ich dazu kam,
ja, da gab es ein anderes Bild. Nur so! Natürlich, nicht
unnatürlich, nicht verbildet, nicht eingebildet, oder wollen Sie das haben, dass ich das auch sein soll? Dann komme ich demnächst auch mit einem hohen Stehkragen,
und was ich weiß alles. Soll ich auch meinen Körper so
ausschmücken, wie sie sonst immer zu sagen pflegen,
der hat sich herausgeputzt wie ein Pfingstochse? Fällt
aber auf, dass es unnatürlich ist, und Sie merken' ja auch
und fühlen's ja auch, dass ein Mensch, <wie> wenn er
eingebildet ist und behaupten sich auf sich was ein.

4.P.: [Unverständlich].
Glauben Sie, liebe Frau, dass Sie alles schaffen, das auch
in Ihrem Körper? Aber bitte nicht die Händchen zu-
sammenhalten, <seien> Sie doch frei, öffnen Sie sich
doch. Ja, so bequem dasitzen, nun erzähle mal Gröning
eine Weile, und jetzt werden wir mal sehen, was Du
kannst.

Ich weiß nicht viel! Ich weiß nur das, was Menschen heute noch nicht wissen, mehr weiß ich nicht.

Aber wenn ich Einen, so den Anderen zur Ordnung rufe.
Folgen Sie doch! Ich verlange ja nicht. Ich versuche auch
nicht. Ich ersuche Sie, doch jetzt anders zu sein, so zu
sein, wie Sie sein müssen: Ganz natürlich.

Nein? Scheint's ist das eine Schwäche, wenn Sie da so
sitzen und die Lehne wetzen. Wenn Sie es geschafft ha-

ben, dann können Sie Ihren Körper lümmeln, jetzt habe ich es geschafft. Aber jetzt doch nicht!

Wie wollen Sie da die Kraft aufnehmen, wo Sie alles absperren in Ihrem Körper. Ihre Händchen dazu noch falten.? Wo wollen Sie das empfangen?. Wie vor einigen Tagen sagte auch eine Frau: „Ich habe die Kugel bei einem Menschen gesehen, ich möchte auch eine haben." Ich habe gesagt: „Was hab ich schon? Was haben sie hier?"
(Sagte die Frau) „Das ist meine Handtasche." (Da sagte ich) „Ja, von Ihnen aus gesehen. Ich sage, das ist was anderes, nehmen Sie!" Und da sagt sie: „Was machen Sie?". (BG:) „Ich nichts, sag' ich. Verzeihung, ich habe Ihre Tasche berührt. Entschuldigung, aber ich habe meine Hände gewaschen, sie sind sauber, sie werden keinen Fleck daran finden."
(Die Frau): „Aber, nein!, was ist das?"
(BG:) „Das fragen Sie sich selbst!"
 Da spürte sie eine Kraft, die durch ihren Körper drängte. Und danach sagte sie, „Ich bin so frei, ich fühle mich wie neu geboren. Ich habe Kraft, ich kann frei aufstehen. Ich kann alles."

(BG spricht weiter zur Frau:) „Ja, so ist es, wie ist das möglich? Ach, Sie glaubten, Sie hätten ein Recht, von mir eine Kugel zu verlangen. Nein, sag ich, muss nicht sein, kann sein. Wenn Sie eine haben, brauchen Sie nicht die Handtasche nehmen, das verstehe ich sehr gut. Aber ich sage doch mit Recht: Liebe das Leben. Gott! Gott ist überall."

(BG wendet sich nun wieder an die Gruppe) Nur muss der Mensch es aber auch wissen. Die Atomphysik, - die kommt schon darauf, ach so, das ist Ihnen mehr oder weniger ein Fremdwort. Die kommt schon drauf, indem sie zu all dem übergeht, indem sie sagt, alles hat eine, seine Ausstrahlung. Ja, das stimmt. Sie auch, und jede Ausstrahlung ist verschieden. Was der Mensch in sich hat, das strahlt er aus. Hat er nur einen bösen Gedanken, strahlt sofort, demnach wie der Gedanke ist. Oder glauben Sie, das ist anders?

Sie ahnen ja gar nicht, wie man die Gedanken so herausziehen kann. Das ahnen Sie gar nicht! Ihr seht sie ja nicht. Sie glauben auch nicht, glauben ja, wenn, dann muss er sie sehen. Aber Sie glauben, weil er sie nicht sehen kann, weiß er sie nicht.

Wie oft habe ich Menschen dabei erwischt, wie oft habe ich's ihnen gesagt, wie oft habe ich ihnen das Leben geschildert, das sie zurückgelassen haben, bis hierher! Dann wurden sie vorsichtig. Sagten sie einmal die Wahrheit, sie mussten es ja sagen, dazu wollte ich sie auch bewegen, dass sie einmal die Wahrheit annehmen, und dass sie einmal zur Wahrheit stehen, und damit hab ich's auch. Dafür ist es mir auch aufgegeben, das zu tun, nicht zu experimentieren, nein, sondern nur den Menschen wieder auf den Weg der Wahrheit zu führen, und dass er die Wahrheit annimmt, und dass er erkannt hat, dass es Wahrheit ist, und dass er das auch ausspricht, ist wundervoll: Weit geführt, gut geführt und dann sag ich, nun folge weiter!

Glauben Sie, dass Sie alles schaffen? Glaubt keiner? Tja,
solange kann ich nicht warten. Es wäre Ihnen gleich,
liebe Frau, wie Sie sind, überhaupt im Leben! Sie sind ins
Wasser gefallen! Ich sage, kommen Sie, ich reiche Ihnen
die Hand, glauben sie nicht, dass ich Ihnen helfen kann?
5.P:. „Oh, ja."
Aber, muss er sich da besinnen noch? Nein Freunde, hier
muss der Mensch schlagfertig sein, und ich hoffe und
wünsche,-

5.P.:[aufdringlicher Zwischenruf]
Halt, halt, halt! [Mir] nichts sagen jetzt, bitte, bitte nicht!
Wenn Sie es erkannt haben, ist gut. Das weiß ich, dass
Sie hören. Aber langsam, langsam folgen Sie jetzt liebe
Frau, sonst unterbrechen Sie alles. Ich weiß, Sie kennen
mich noch nicht, [deshalb] weil Sie sich selbst noch nicht
erkannt haben. Aber so Sie einmal die Wahrheit sagen,
ist <es> gut. Nun aber bitte, bitte nicht langweilig werden, jetzt im Zweifel steht. „Ja, kann ich mich wirklich
schon von dem Bösen lösen. Ist das gut? Soll ich schon
an das Gute glauben, das ich noch nicht habe?"[19] Doch,
Du kannst glauben, Du hast es doch nötig zu glauben, ist
die Antwort von mir.

Löse Dich doch von dem Bösen. Das Böse <gehört> doch
nicht zu Dir, auch nicht zu Deinem Körper gehört <es>.
Du kannst das Böse doch nicht, wie Du es auch nicht als
gut empfunden hast, was hast Du mit dem Bösen denn
Gemeines?...

---

19 BG gibt hierr die Gedanken der betreffenden Person
    wieder.

Was der Mensch von sich gibt, und was der Mensch sät,
wird er wieder ernten. Ja, dann verfällt er immer mehr
dem Bösen.

Langweilig brauchen wir nicht zu sein, es geht viel
schneller, woran Sie heute noch nicht glauben
Und glauben Sie, dass Sie alles schaffen?"
6.P.: „Ja."
Haben Sie Ihrem Körper Beachtung geschenkt?
7.P.: „Ja."
Nun, was haben Sie festgestellt?
7.P: „Kühle Hände, - kalten Strom in den Händen."
Kalten Strom?
7.P.: „Ja."

Weiter. - Wie ist das im ganzen Körper. Was ist das für
ein Gefühl?
8.P.: „Im ganzen Körper habe ich nichts gespürt."
Bitte? Wie fühlen Sie sich in Ihrem Körper?
8.P.: „Gut."
So mundgerecht muss ich das meinem Nächsten machen, bis er tatsächlich ist, was ich Ihnen sage.

9.P.[20]: „Ich höre doch nichts, Herr Gröning."
Das habe ich mir auch noch gedacht, so muss ich noch
extra laut sprechen.

---

20   BG spricht nun und auf den folgenden Seiten zu dieser Person
     und versucht ihr klarzumachen, dass die Schwerhörigkeit dieses
     Menschen daher rührt, dass er zu oft weghörte, wo er besser
     zugehört hätte. Das ist auch für uns uns Leser wichtig, denn
     dieser Zusammenhang von Ursache und Wirkung dürfte sich
     auch auf andere Probleme übertragen lassen; z.B. beim
     Wegsehen.

Freunde, kommen Sie mir nicht mit Krankheit an, ich verlasse sofort den Raum! Jedem, auch auf menschlicher Seite, ist das Recht nicht zugesprochen, von göttlicher Seite erst recht nicht. Ich habe mit dem Bösen nichts gemein, und das ist das Sündhafte, dass der Mensch sich immer wieder mit dem Bösen abgibt, immer wieder das Böse verfolgt. Ich kann nicht hören, ich kann nicht sehen, ich kann nicht stehen, ich kann nicht gehen, ich kann nicht essen, ich kann nicht schlafen, ich kann dies nicht, ich kann das nicht, ich kann jenes nicht mehr tun. Damit befleckt er sich. Meine Schmerzen, meine Krankheit und was er alles hat, stellt Behauptungen auf: Es gehört zu ihm. Nein, es gehört nicht zu Ihnen, und ich kann nicht hören. Also muss man laut zu Ihnen sprechen, dann hören Sie. Ja? Nun seien Sie nicht maulfaul. Ich bin ganz deutlich, oder soll ich noch deutlicher werden, nicht maulfaul sein, liebe Frau,
9.P.: „Nein.“
Sprechen Sie doch! Warum ist es notwendig, dass man immer laut zu Ihnen sprechen muss?
9.P.: „Ich hab Sie nicht verstanden.“

Nun, spreche ich noch lauter. Wenn Sie so versteift ein Mensch sich d'raufsitzt hier, ich kann nicht hören. Ich möchte hören, ich kann nicht hören, beschäftigt sich mit, wird nie hören. Und wer nicht hört, der kann auch nicht fühlen. Er folgt nicht, und doch kann er, so er will. Aber wie leichtsinnig der Mensch doch ist. Wie oft haben Sie Ihren Gehörsinn abgeschaltet? Was Sie nicht interessierte, Sie hatten was zu tun, und waren so vollauf beschäftigt, und da kann die Mutti, konnte der Papa kommen, da konnte kommen wer da will, hier nicht, hier wird geschafft, und wenn man nachher sagt: „Ja, ich hab's doch gesagt, ich hab's nicht gehört", und wirklich er hat's nicht gehört. Warum? Weil er sein Gehör schon ausgeschaltet hat, er musste <es> ja ausschalten. So er <es> aber ausschalten kann, kann er <es> wieder einschalten, und so er wieder an Dinge interessiert ist, da hört er, und deshalb sagt man so oft von Menschen: Was er nicht hören soll, das hört er. Und das ist unerzogen! Das ist immer so. Aber so hat jeder Mensch seine Stunden, er schaltet vieles ab.

Vergisst hernach wieder das Einschalten. Und das ist auch für den Nächsten immer gefährlich, wenn es bekannt geworden ist, dass er schwerhörig ist. Dann heißt es nachher bei Gröning, wenn Gröning da ist, das ist gefahrlos, dann heißt es, so nun komm und mach' heile, heile, heile, auch wenn Du ins Zuchthaus gehst, dies macht ja nichts, wenn Du Jahre dafür schuftest, wenn Du die Götter da 'rein holst, dass Du sie denen gibst, weil die sie haben wollen.[21]

---

21 Dieser ganze Abschnitt ist nicht von jedem zu verstehen und dann auch selten auf Anhieb. Es handelt es sich um eine Technik Bruno Grönings, die daran zu erkennen ist, dass es scheint, als habe er ganze Satzteile einfach ausgelassen. Damit scheidet er diejenigen, die noch nicht wirklich trittsicher im Geistigen wandeln (aber NICHT die Spreu vom Weizen) und Fehlinterpretationen unterlegen würden. Aber keine Sorge: Der Zeitpunkt an dem der danach Strebende ihn in seiner ganzen Tiefe verstehen wird, wird früher oder später gewiss da sein. Hier wird aber auch ersichtlich warum die Worte Grönings nicht verändert werden dürfen: Der tieferliegende geistige Sinn ginge sofort verloren!

Ich hab' so eine kleine Bilanz gemacht, ich sag' es offen Freunde, dass ich soviel dafür schon hergegeben habe, dafür kann ich auch nicht, ich hab' nie mit gerechnet. Es ist ja irdisches Gut, geht mich nichts an, aber doch muss ich das beibringen, und wenn Sie auch noch Näheres wissen wollen. Dieser Prozess, die ganzen Prozesse sind mir ja nur anhängig gemacht worden von Menschen, die da von sich aus gesagt: „Gröning!, ich bin ihr Freund. Ich tue alles für Sie."

Und tatsächlich, Sie haben sich eingesetzt, aber Sie haben falsche Handlungen begangen, falsche Worte gebraucht. Sie haben alles falsch wiedergegeben, nicht so, wie es hier der reinen Wahrheit entspricht, und da hat die Justiz es aufgefangen, sagt hoppla, da ist ein Wort, da ist ein Wort, und da hat er so gesagt, so gesagt und jetzt werden wir ihn verurteilen. So geht's mir. Und ich kann dann weiter schaffen, nur für den einen Fall muss man viele Märklein zusammentragen, um das wieder gutzumachen, was der einsteckt. Ich gehe nicht mal zu dem hin und sag, bitte ich könnt ihnen heut` tausend Menschen aufzählen, die wirklich, sie stehen auch noch dazu, aber ohne die können sie nicht leben, aber dass sie selbst es sind, dass sie mir das angetan haben, das möchte ich Ihnen nicht sagen. Ich will, dass Sie selbst darauf kommen[22], das will ich.

Tja, so geht es mir. Aber was würden Sie tun? Wenn ich Anzeigen machen würde, dann würden Sie dazu passend sagen, erst mal so, das eine Mal ratschen und tratschen und danach zu guter Letzt doch anzeigen. So ist das!. Mhm, was muss ich jetzt mehr tun? Das wieder gut zu machen, was hier diese, meine Mitmenschen, die da gut sein wollten, nur es nicht sind, und sage ich es ihnen, sag ich ihnen die Wahrheit, so würden sie zusammenbrechen.

Aber ich sehe hierin eine größere Aufgabe, den Menschen weiter dahingehend zu belehren, bis er es erfasst hat. Und bis er aus diesem allem, was er getan und gelassen, auch eine Lehre zieht. Das ist notwendig. Das ist genauso wie im vorletzten Prozess: Kommt ein Geistlicher. Tritt als Zeuge auf und sagt: „Ja, ich habe gesehen...", also er wollte gut, natürlich nicht böse sein, nein, um den Gröning zu schützen. „Ich habe gesehen, dass man einen Kranken auf der Tragbahre hereingetragen.

---

22 Die Selbsterkenntnis ist eine der wichtigsten Punkte in der Lehre Bruno Grönings, ohne die es z.B. keine Heilung auf geistigem Wege geben kann. Hier spricht er von Menschen die ihm das Leben und sein Wirken sehr schwer gemacht haben, sich damit großes Unheil auferlegen und die zumeist zuvor bestehende schlechte Ausgangssituation noch weiter verschlimmern. Durch deren weiteren Absturz – hier bei Gröning - wird auch für diese alles noch schlimmer. Es genügt jedoch die Rückbesinnung auf diesen wichtigen Punkt der Lehre, nämlich die Notwendigkeit zur Selbsterkenntnis zu kommen, um eine großartige Wende hinzulegen. Wem das gelang erhielt von Gröning u.a. eine zweite Chance.

Ich hab mich davon überzeugt, dass er vollständig gelähmt war. Und nach dem Vortrag, Herr Gröning stand
draußen vor der Türe und hat mit einigen Freunden da
gesprochen, und da sehe ich, dass der aufgestanden ist
und sagt: „Herr Gröning, ich kann gehen!"
„Na gut", sagt er [Bruno Gröning], „wenn sie gehen können, dann gehen sie doch, was stehen sie da noch."

Sie haben mich verstanden, aber das Gericht hat es anders verstanden und sagt: „Aha, er hat die Anweisung
gegeben, dass er gehen soll.[23]" Sehen Sie, so wird mir
das ausgelegt. Wie vorsichtig man doch sein muss. Verstehen Sie das nicht? Denn die Menschen sind anders.
Na, ich kann doch für Sie alle noch mehr tun. [Hinter-
grundgeräusche]

Sie Grabbelkopp, Sie! Warum sitzen Sie denn nicht ruhig? Kommen Sie doch, bleiben Sie doch sitzen, kommen

---

23 Hierzu ein Ratschlag, der Grönings Willen entspricht: Bis Sie aus
sich heraus vollkommen heil geworden sind, sprechen Sie NICHT
über Bruno Gröning, vermeiden jedwede Propaganda und
verteilen niemals auch nur einen einzigen Handzettel. Sie wissen
nämlich nicht wie man Ihnen solches vor Gericht auslegen
würde. Es versterben nämlich auch Bruno Gröning Freunde nur
deswegen, weil sie sich plötzlich der ärztlichen Hilfe entziehen da
sie denken etwas besseres gefunden zu haben. Z.b. kann das was
heute als Heilstrom bezeichnet wird zu einer solchen Handlung
führen. Kann sich dann ein Angehöriger oder gar Arzt des
Verstorbenen daran erinnern, dass Sie über BG gesprochen
haben oder einen Handzettel verteilt haben, könnten Sie
plötzlich vor Gericht stehen. Halten Sie sich deswegen an den
WILLEN Grönings; das im Werk erst dann mitgeholfen werden
kann, so der Helfer zuvor rein geworden sein muss!!!!!

Sie doch, kommen Sie doch rüber, wo Sie hören. Sie können alles hören, wenn Sie nur wollen.
10.P.: „Ich will..."
Schauen Sie doch nicht auf die Ohren. Nein, wenn Sie
wollen, gut, dann können Sie es auch. Nur nicht so verkrampfen. Wenn ich angesprochen bin, mach' ich auch
nicht so.- Es reicht die Ohrmuschel. Brauch' ich das nicht
verstärken. Muss nicht sein. Das reicht Ihnen, muss nur
einschalten. Aber das ist nicht alles. Es gibt noch viel
mehr.

Merken Sie, haben Sie Ihrem Körper Beachtung geschenkt?
11.P.: „Ja."

Na, was haben Sie festgestellt?
12.P.: „Wie Schwingungen in dem Körper."
Bitte?
12.P.: „Wie Schwingungen?"
Was sind das für Schwingungen? Na, wie können Sie uns
die erklären?
12.P.: „Weiß nicht, wie ich sagen soll."
Haben Sie die schon 'mal so gehabt wie heute?
12.P.: „Ja, seit ich das erste Mal bei Ihnen war, seit der
Zeit."
Und vorher?
12.P.: „Nein."

Teil 9

**MEINE FRAGEN dienen
der Belehrung**

Ist dem Menschen neu! Das ist das, was dem Menschen
verlorengegangen ist. Es ist ihm alles fremd geworden,
und daher sind diese Fragen, wie ich Sie an Sie stelle,
meine lieben Freunde, doch berechtigt, damit Sie, damit
ich Sie weiter dahingehend belehren kann, dazu dient es
nur. Ich könnte die Zeit sparen, und so ich müsste fragen, und setz' mich da nebenbei hin, oder kommen Sie
doch mal zu mir oder irgendwo hin, und wie Sie Briefe
lesen, müssen Sie lesen. Dazu braucht man die Zeit nicht
vergeuden. Können Sie auch so lesen. Aber daran glauben Sie ja nicht. An ein Fernsehgerät glauben Sie, an ein
Radio glauben Sie. Alles was es heute schon auf dem
technischen Gebiet gibt. Was diese technischen Wunder
aufweisen, aber an das göttliche Wunder, daran können
Sie noch nicht glauben. Das verstehe ich. Glauben Sie,
dass Sie schon alles haben, was Sie brauchen?
13.P.: „Ja."
Dann glauben Sie?
13.P.: „Ja."
Überzeugen <Sie> sich genau. Ja?
13.P.: „Ja!"
Nicht nur jetzt, sondern immer. Kontrollieren Sie Ihren
Körper, halten Sie ihn unter Kontrolle. Lassen Sie ihn
nicht mehr außer acht. Geben Sie sich mit dem Bösen
nicht mehr ab.

Nun, was glauben Sie?
14.P.: „Ich glaube auch..."

Bitte?
14.P.: „Ich glaub', dass es gut ist."

Wie fühlen Sie sich so hier bei uns?
15.P.: „Gut!"

Nun darf ich Sie fragen, wie fühlen Sie sich in Ihrem Körper? Wir sind um Sie, um Ihren Körper. Aber wie fühlen
Sie sich in Ihrem Körper, und das ist ausschlaggebend.
Nicht erst neugierig sein und schauen, was da ist, sondern was hier ist. Erst muss ich den richtig führen. Erst
muss ich diesem Beachtung schenken, diesem Körper,
der mir für ein Erdenleben gegeben worden ist, das ist
wichtig. Glauben Sie, dass Sie alles schaffen?
16.P.: „Na, nicht ganz."
Glauben Sie nicht ganz? Daran glaube ich auch.

Dann glauben Sie, dass Sie alles schaffen.
17.P.: „Mit Ihrer Hilfe, kann ich alles schaffen."

Und Sie glauben, dass ich Sie zum Heil führen kann?
18.P.: „Jawohl, auf meine, innere ..."
Sie müssen dabei sein, wenn Sie nicht folgen, ...
18.P.: „Jawohl."
...wie wollen Sie das erlangen?
18.P.: „Ich glaube, dass durch Sie in mir etwas in meiner
Unordnung wieder in Ordnung gebracht wird."
Die Unordnung wird beseitigt. Die Ordnung wird nur hergestellt.

Warum geben Sie sich mit einem Haufen Dreck ab? Nein,
sage ich, das gehört nicht zur Ordnung. Der Dreck muss

raus. Da muss ich Hand anlegen, selbst anfassen. Die Ordnung, [Selbstberichtigung] die Unordnung wird beseitigt. Dann haben wir die Ordnung. Kommt doch von selbst. Ist Ihnen das noch nicht verständlich?

So wir einen Haufen Dreck vor uns haben, das ist Unordnung. So ich diesen Haufen Dreck beseitige, mit diesem Moment der Dreck beseitigt ist, ist doch die Ordnung schon wieder hergestellt. Ist Ihnen das nicht klar? So Sie sich wirklich von dem Bösen lösen, sind Sie frei. Ist Ihnen das klar? Aber immer die Unordnung wieder, immer den Dreckhaufen, nun bitte wozu das, Freunde? Sie verlieren sehr viel, so Sie sich immer wieder mit dem abgeben, das Sie selbst als Übel empfunden haben.

Na, und was glauben Sie?
19.P.: „An das Gute.“
Und was haben Sie schon festgestellt an Ihrem Körper?
19.P.: „Ein warmer Strom ging durch den Körper.“
Was haben Sie zu Anfang festgestellt?
19.P.: „Das Gleiche.“
Konnten Sie gleich so glauben?
19.P.: „Ja.“
Gleich?
19.P.: „Ja.“
Und auch an das, was Sie selbst gefühlt haben?
19.P.: „Ja.“
Davon sind Sie überzeugt, das ist Wahrheit?
19.P.: „Ja.“
Richtig. Haben Sie Derartiges schon mal gefühlt in Ihrem Körper?
19.P.: „Beim letzten Vortrag.“

Und in der Zwischenzeit, keine Zeit?
19.P.: „Doch.“
Auch? Ja, haben Sie gut empfangen?
19.P.: „Ja.“
Haben Sie immer guten Empfang gehabt?
19.P.: „Ja.“
War nicht einmal eine Störung bei?
19.P.: „Nein.“

Also muss Ihre Umgebung doch gut sein, und haben Sie
die Zeit so genützt, die Gelegenheit so wahrgenommen,
wo Sie ungestört waren? Dieses Plätzchen, Freunde, suchen Sie sich auch. Nützen Sie die Zeit und nehmen Sie
jede Gelegenheit wahr, so Sie das Gute in sich aufnehmen.

Glauben Sie, dass Sie alles schaffen?
19.P.: „Ja.“
Restlos?
19.P.: „Ja.“
Der Dreck wegkommt?
19.P.: „Ja.“
Ich bin dabei!
19.P.: „Ja.“
Doch!

Na, wie ist es bei Ihnen? Glauben Sie, dass Sie alles
schaffen?
20.P.: „Ja freilich.
Restlos.

Aber deswegen, liebe Freunde, aber auch hierin be-

gehen Sie einen Fehler, so Sie kein Vertrauen zu Ihrem
Arzt haben, kein Vertrauen zu Ihren Mitmenschen, sondern Misstrauen.

Mit diesem nimmt der Arzt, nimmt der Nächste schon
das Misstrauen auf.

Haben Sie nicht auch das Gefühl, das heißt die Wahrneh-
mung gemacht, so Sie mal einen bösen Gedanken aufgenommen und diesen bösen Gedanken zu Ihrem Nächsten gegangen, dass Sie gleich aufgefallen sind? Oder einer zu Ihnen kam, indem er Ihnen nicht traute, indem er
Misstrauen hatte, haben Sie das nicht gefühlt, dass der
Mensch nicht ehrlich ist? Sie fanden keinen Kontakt, hatten keine Verbindung zu Ihm. Ist Ihnen das nicht aufgefallen?

Glauben Sie es mir, ich weiß, Menschen haben mich
noch nicht verstanden, wenn ich sagte, haben Sie Vertrauen zu Ihrem Arzt. Mit diesem, so Sie so wirkliches
Vertrauen haben, wird auch er, der Arzt geführt. So er
aber das Misstrauen wahrnimmt, die wissen es auch
noch nicht alle, nur ein Bruchteil von denen, aber so Sie
Misstrauen haben, - das fühlt er. Und er wird gleichgültig
und wird nur alles tun, um Sie abzuschieben. Aber so Sie
Vertrauen haben, so nimmt er das Vertrauen auf, und er
bekommt ein ganz anderes Gefühl.

Ich habe in letzter Zeit, vor allen Dingen sehr viele Ärzte
gesprochen, die gesagt haben: „Ja, ich habe mich
niemals zu dem getraut, und da kam mal ein Mensch in
meine Praxis, der war so aufgeschlossen. Ich fühlte es,

da hab' ich mir gesagt, ja, was ist denn das für einer, das
ist ja ein ganz anderer. Ich hatte so ein sicheres Gefühl,
die Ruhe, wie ich meistens auch überarbeitet", wie er
sagt, „nervös bin, aber da war ich die Ruhe selbst. Da
kam mir der Gedanke, und das, was ich jetzt tue, könnte
ich [sonst] jetzt nicht, tue das, und geb` ihm das, und
ganz bestimmt. Ich hatte auch das Selbstvertrauen zu
diesem, meinem Patienten."

Ich habe ja keine Patienten, er hat sie nur. Ja, Freunde,
und da kommt es dann zustande, und es wird auch gar
nicht lange dauern, dass diese Ärzte sich als solche herausstellen. Das heißt, einige wenige dieser Kapazitäten,
d. h. einige dieser, die wirklich zu den Guten zählen, die
das Gute wollen, die das Empfinden haben, auch für Ihren Nächsten.

Teil 10

DER ZIMMERMANN UND DIE ÄRZTIN
Das Böse bleibt aufgenommen

Es ist noch gar nicht lange her, da kam eine Ärztin zu mir, aus der russischen Zone [DDR], die ihren Körper nicht mehr beherrschen konnte, knapp stehen und nur so --, sie konnte nicht. Wie kam sie zu diesem Unheil? Ein eingebildeter Mensch war es! Nun, was hat sie sich eingebildet!

Nun, ich schlage immer den Nagel auf den Kopf. Wissen Sie warum? Ich bin ja Zimmermann, und ich verfehle den Kopf nicht. Ich muss auf den Kopf schlagen, um den Nagel da hineinzubefördern, wo ich ihn haben will. Ist mein Fach, ist mein Beruf. Nun muss man aber auch hier immer den Nagel auf den Kopf schlagen, man muss doch den Menschen es auf den Kopf sagen, was Wahrheit ist. So habe ich dieser Ärztin es auch gesagt. Sie haben sie ja kennengelernt. Und der hab' ich gesagt, wie sie früher doch auf Grund ihres Berufes, auf Grund Ihrer Herkunft eingebildet gewesen ist, und was sie an Erfahrung am Menschen gesammelt, von denen sie umgeben war, denen sie Glauben geschenkt hatte und so weiter, und so hat sie eines Tages, und ich sag: Sie haben mal einen Film gesehen, der nicht gut war, das haben Sie so in sich aufgenommen, und von da ab haben Sie diese Störungen in Ihrem Körper.

Sagt sie: „Mein Gott, ja!".

Sehen Sie, Freunde, nur was gesät, gleich aufgenommen

in den Körper und: Kann nicht stehen, kann nicht gehen,
zwei müssen halten. Zwei Menschen müssen halten! Na,
wo gibt es denn so was! Keine Kraft im Körper, alles da-
hingegeben, dem Bösen verfallen. Das Böse bleibt aufgenommen.

Nun wollen Sie das auch aufnehmen? Wollen Sie das
noch weiter beibehalten? Ob, wie Sie Ihrem Körper alles
übergeben haben, das wissen Sie gar nicht einmal, so
dass Sie selbst es sind, Sie dafür zu sorgen haben, dass
der Körper wirklich wieder in der Ordnung lebt, dass Sie
im Willen Gottes zu leben haben, und dass Sie all das
sich selbst schuldig sind, dass Sie sich in Vergessenheit
gebracht, und das, was Sie vergessen haben, wieder
nachzuholen haben, das, was in Unordnung geraten,
wieder zur Ordnung, heißt, mit zu Gott zu führen.

Teil 11

GOTT ist doch die ORDNUNG,
aber Sie müssen Es wollen!

Und Paracelsus hat recht, wo er sagt: „Zu heilen sind alle Krankheiten, nur nicht alle Menschen."

Nicht der Körper ist krank, sondern der Geist, der Mensch selbst, und dieser nimmt ja all die Krankheiten, all diese Störungen in seinem Körper auf, die dann hernach zu Krankheit werden. Das Wort Krankheit brauche ich sonst nicht, das ist aber die Unordnung. Sie sagen Krankheit. So sammelt sich alles im Körper, und dann kommt der Unglaube. Der Mensch zweifelt, er glaubt nicht, dass er die Ordnung wieder zurückerlangen wird, so er selbst Hand anlegt, so er selbst dabei ist. Sie sind doch sonst so klug und so gescheit, dass Sie wissen, wenn Sie Hunger haben, - <und> dann würde ich für Sie essen, - würden Sie dann satt?

P.: „Nein" [Gemurmel].

Sonst brauch's ich, muss ich <es> meinem Körper geben. So müssen auch Sie die Kraft aufnehmen, die Sie für Ihren Körper brauchen. Denn diese Kraft, die Energien, das ist ja Leben. Nun, ich könnte zu vielem weiter mehr übergehen und ich frage mich immer: Warum? Wieso? Weshalb? Beschränken wir uns auf das Wichtigste, auch heute.

Teil 12
FRAGEN immer wieder FRAGEN
als Belehrung

Haben Sie Ihrem Körper wirklich Beachtung geschenkt?
21.P.: „Ja."
Wie fühlen Sie sich dadurch?
21.P.: „Gut."
Glauben Sie, dass Sie alles schaffen?
22.P.: „Ich denk'."
Ob Sie glauben, dass Sie all das schaffen?
22.P.: „Ob ich glaub', ob alles ich kann schaffen? - Ja!"

Ja Freunde, es gibt Körper wie Sie sie wohl in ihrem Leben noch nicht gesehen haben. Sie hätten gesagt: „Was will dieses Wrack? Was will der Mensch? Der denkt noch an Gesundheit? Da ist doch nichts mehr Gescheites, das sieht man doch und manchmal sagt man, das riecht man auch. Das ist doch nicht möglich. Wie kann der an das Gute, wie kann der noch an die Ordnung, Sie würden sagen: An Gesundheit glauben?"

Ja, und doch hat auch er nicht verloren, den Glauben an sich selbst, den Glauben an die eigene Ordnung, die er für sich, für seinen Körper nötig hat. Er hat sich selbst nicht aufgegeben.- Na, was glauben Sie?
23.P.: „Es vibriert in meinem Körper."
Bitte?
23.P.: „Es vibriert in meinem Körper."
Ist es so angenehm?
23.P.: „Ja. Es ist leichter."
Nur das Böse abschalten, liebe Frau, dann wird es schon

gut

Bitteschön. Ja Sie, nein, hier der junge Mann.
24.P.: „Mir ist auch ganz heiß, aufsteigende Hitze."
Seit wann haben Sie die aufsteigende Hitze?
24.P.: „...ganzen Abend schon."
Den ganzen Abend? Kommen Sie näher, dann kann ich
Ihnen noch mehr geben. - Wie ist es jetzt?
24.P.: „Es ist noch heiß."
Was spielt sich weiter im Körper ab?
24.P.: „Gut."
Sehen Sie, es kommt jetzt doch erst dann zustande, so
Sie Ihrem Körper Beachtung schenken. Wie würden Sie
wohl am eigenen Körper was fühlen, wenn Sie ihm keine
Beachtung schenken? Und so konnten Sie auch nicht
glauben, so Sie bisher noch nichts gefühlt hatten, indem
Sie Schmerzen ausgesetzt waren, indem Sie dem Leid
verfallen waren. Sie konnten nicht glauben. Und warum
taten Sie das nicht gleich, dass Sie Ihrem Körper Beachtung schenkten?

Glauben Sie, dass Sie alles schaffen?
25.P.: „Ja."
Glauben Sie, dass Sie auch Ihren Nächsten helfen können?
25.P.: „Jawohl."

Glauben Sie das auch?
26.P.: „Ja."

Teil 13

WEITERHELFEN KÖNNEN AUCH SIE
ohne Einbildung, ohne Gerede

Aber dann nicht eingebildet sein. Nicht sagen, jetzt kann ich was. Jetzt bin ich wer und habe schon dem und dem geholfen! Streiten Sie nicht drüber. Lassen Sie sich lieber mit Orden und Ehrenzeichen behängen. Es ist egal. Aber nicht sprechen, sondern weiter helfen. Sonst sind Sie kein Helfer. Ein Rettungsschwimmer ist der, der es bleibt und immer wieder hilft, er spricht nicht, ob er heilfroh ist und glücklich darüber ist, dass er wieder Menschen gerettet hat; vor dem Wassertod. Und so müssen wir alle ein Helfer sein. Fürchten Sie sich nicht vor dem Heilpraktiker - Gesetz. Es wird schon geändert werden. Oder glauben Sie, das bleibt so?

Wenn ich Ihnen jetzt was vorlesen würde, was ich über mich geschrieben habe, und wie ich das auffasse, d. h. wie ich das auch beweise, dann sagen Sie: „Ja, das können Sie, Herr Gröning!" Nein, das können Sie auch.

Aber Sie haben es nicht gewagt, und können es auch deshalb nicht, weil Sie die Unterschiede nicht wissen, was ist Wahrheit und was ist Lüge, und was ist wirklich und was ist nicht da.

Na, Mutti, wie ist es bei Ihnen?
27.P.: „Ich glaube, ich bin mit Gott verbunden."

Ja nun, [ich bitte], mir nicht groß' Versprechungen zu machen. Ich habe Sie gebeten, Ihrem Körper Beachtung

zu schenken, und das ist immer so ein Nachgerede,
wenn der Mensch sagt, ich glaube, ich glaube, ich glaube. Was weiß er, was das Wörtchen 'Glaube' überhaupt
bedeutet? Was das für ein Glaube ist! Es gibt ja Menschen, die heute noch sagen: „Ich habe immer geglaubt,
aber er sagt dies und dies hab' ich - und der, der andere
hat nicht geglaubt, wie ich weiß, der ist gesund geworden."

Teil 14

MENSCH WAS WEISST DU

von Deinem Nächsten?

Du weißt nichts einmal von Dir selbst. Du redest über
Deinen Nächsten. Du hast geglaubt, dass er nicht glaubt
und doch, er hat den wirklichen Glauben gehabt. Er hat
nur nicht den Glauben gehabt wie Menschen ihn haben.
Wo sie nicht einen, wo sie viele Glauben haben.

Aber was ist der echte unter all diesen? Das habe ich Ihnen in dieser Gemeinschaft schon mal gesagt. Es gibt
auch Menschen, die da sagen, dass sie daran glauben,
dass sie von ein' Pfund Rindfleisch eine gute Suppe bekommen. Das ist auch ein Glaube! Und der Geschäfts-
mann glaubt auch, dass, [wie] wenn er zu seinen Kunden
geht, dass er ein Geschäft machen will. Warum glaubt
er? Weil er ihn belügt und betrügt, oder ihm die Ware
aufschwätzt oder einen Schmus macht oder was ausgibt.
Er bietet ihm Zigaretten, Zigarren oder sonst irgend etwas, oder ein paar Prozente noch, irgendwas, aber
glaubt ein Geschäft zu machen. Ja, das liegt an ihm
selbst, seine Taktik, seine Geschicklichkeit, wie er das an-
zubringen hat. Und daher glaubt er.

Aber wissen Sie, wie Sie den Glauben in die Tat umset-
zen können, wie geschickt Sie dabei sind? Sie müssen
doch dabei sein, Sie müssen es doch tun.

Aber hier geht es nicht um das Weltliche, hier geht es
um das Göttliche, hier geht es um den Menschen selbst,
der ja göttlich ist.

Aber mich nicht mit Worten trösten Freunde, das ist falsch. Tun Sie es einfach.

Lieber hab' ich es, wenn Sie sagen, Herr Gröning, quatsch nicht, Du bist verrückt, ich glaub' nicht dran, aber an mich selbst glaube ich, und an das glaube ich, was ich für mich, für meinen Körper für nötig habe. Das ist gescheiter, Freunde, dann sind Sie ehrlich. Und <so Sie > danach die Wahrheit am eigenen Körper erfahren, dann können Sie zu mir kommen. Aber dann brauchen Sie nichts sagen. Sparen Sie die Zeit. Ich verstehe Sie auch so. Ich habe es Ihnen ja gesagt.

Teil 15

DAS FRÄULEIN vom AMT

Oder auch:

Bruno Gröning stellt die Verbindung her

Aber nicht mich anhimmeln, himmeln wir Gott an, beten wir zu Ihm, bitten wir Ihn und glauben wir, dass Er uns das geben wird, ich stelle nur die Verbindung her.

Vergleichen Sie mich meinetwegen mit dem Fräulein vom Amt, die die Verbindung herstellt, die Sie wünschen, und solange Sie den Hörer in der Hand behalten, solange haben Sie die Verbindung. Legen Sie aber den Hörer einmal ab, d. h. hören Sie einmal nicht, dann haben Sie keine Verbindung mehr. Das Fräulein vom Amt wird Sie sofort trennen, ohne dass Sie das Fräulein vom Amt persönlich kennen - brauchen Sie gar nicht. Brauchen nur Ihren Mund zum Sprechen. Sie tut es. Sie steht im Dienst. Sie stehen auch im Dienst, nur Sie wussten das nicht. Ihr Dienst ist ja ein anderer geworden, ein weltlicher, kein göttlicher mehr. Aber eines, was das Wichtigste ist, dass Sie an sich selbst das Göttliche zu tun haben, dass Sie selbst, wo Sie göttlich sind, auch das in sich aufnehmen, was für Sie bestimmt ist. Machen wir kein Getös' drum. So liebe Frau, nun, wie fühlen Sie sich dann?

Und jetzt kommt etwas, was nicht so einwandfrei gut ist, wenn man immer wieder eingehakt hat. „Er hat gefragt", sagt der Staatsanwalt, „wie Sie sich fühlen?". Wer will mir das verbieten? Oder soll ich mir eine andere Sprache zulegen. Damit ich das Wort nicht gebrauche, die Worte

nicht mehr brauche. Wie fühlen Sie sich? Dann frag' ich:
How do you do? Na, how do you do?"

P.: [Lachen].

Na, was heißt denn das? Was heißt denn das? Wo steht
das im Gesetz beschrieben, wo einer den anderen be-
grüßt, und immer wieder bei der Begrüßung: „Wie
geht's?", „Danke gut." oder „danke nicht gut." Aber es
ist doch so, bei den Menschen, und das habe ich auch
angenommen, aber ich weiß, ich darf es nicht. Da ist Gefahr! Das ist für mich eine große Belehrung, und doch
muss ich für Sie kämpfen, weil Sie nicht fehlerfrei sind.
Sehen Sie, da liegt die Gefahr. Was müssen Sie schon ab-
zitteln?

Haben Sie es eilig?
28.P.: [Unverständliche Antwort].
Bitte?
28.P.: „Mein Zug fährt 11 Uhr 15."
Wenn ich hier unter Ihnen säße, Freunde, und es hieß:
So in 10 Minuten fährt der letzte Zug. Ja, dann fährt er.
Genau!

Teil 16

DIE BOMBENTEPPICHE

in Russland und der Aufruf die Ruhe nicht verlieren

Eine kleine Geschichte nur[24]. Ich war tief in Russland.
Kein Soldat, ich war nur in Uniform gesteckt. Ich wusste
auch da meine Pflicht zu tun. Aber das lassen wir doch
beiseite. Und der Russe war so vielleicht 300 Meter noch
von uns ab. Ich habe mich nicht gefürchtet. Aber es
krachte so überall so 'rum, und Brocken flogen nur so.
Ich war so mutterseelenallein. Alle haben sie mich verlassen. Ich bin sogar ganz gemütlich gegangen. Und da
komme ich in der Nähe vom Bahnhof entlang. Es wurden
Teppiche gelegt, extra für mich, ich weiß nicht. Hier sind
ja auch Teppiche gelegt.

Na schön, warum nicht? Da sind ein paar Landser noch
und die sagen: „Heh, nun schnell, schnell, das ist der
letzte Zug."

Na gut, dann ist es der letzte Zug, macht nichts. Aber die
Ruhe aufgeben, um den letzten Zug zu erreichen? Nein.
Gefahr. Warum? Ich habe ja mit dem Bösen nichts gemein. Es ist auch nichts passiert hernach, und ich ging
weiter gemütlich.

Man legte immer mehr Teppiche und das hat man von
oben gemacht, das ist so bequem im Krieg. Da kamen so
die Flugzeuge und die legten dann die Teppiche einem

---

24 Der Charme und Witz im gesprochenen Wort sind hier
schwer für den Leser nachvollziehbar. Die Grenzen der
Textübertragung werden hier wieder betrüblich fühlbar.

so vor die Füße, ist weiter nicht hart, war ja alles weich
nachher.
Ich bin das Harte nicht gewohnt, ich will, dass der Boden
locker ist, so habe ich es auch aufgefasst. Und immer gesagt, es ist nett. Aber, die da Angst haben, diese Landser
sind genau direkt in die Gefahr hineingelaufen. Die Angst
des Bösen bewegte sie. Aber ich habe mich wirklich nicht
an diesem letzten Zug gestört. Und ich habe ihn doch
noch erreicht mit aller Ruhe.

Wenn ich aber da erregt gewesen wäre, ich glaube nicht,
dass ich das dann geschafft hätte. Denn dadurch <hätte
ich> das Böse angenommen und hätte weiteres Böses
angezogen. Aber das ist im Moment noch zu hoch für
Sie, das verstehen Sie doch noch nicht. Aber behalten Sie
den Punkt fest, und Sie können später Fragen stellen,
wie das gemeint ist. Gemeint ist es so, wie ich es sage.

Sehen Sie, so muss der Mensch sein, die Ruhe nicht verlieren, meine lieben Freunde. Nicht die Unruhe aufnehmen. So Sie die Unruhe in sich aufnehmen, dann kommt
die Unordnung zustande, legt sich gleich auf irgendein
Organ, oder aber auch auf den ganzen Körper, was Sie
sehen, was Sie riechen, was Sie schmecken, was Sie fühlen, nehmen Sie in sich auf. Muss das denn sein?

Warte, Mutti guckt mich jetzt an und sagt: Hat er mich
da nicht verstanden, und ich will ja und habe doch gut
gemeint. Ich habe doch gut gesagt.

Schon ja, aber falsch. Das ist ein Fehler, und ich muss Sie
aufmerksam machen, wo die Fehler liegen, damit Sie

nicht wieder in dieselben Fehler verfallen. Haben Sie das jetzt verstanden, Mutti?

Ja? Ich hab's meiner Großmutter auch gesagt, vielen habe ich es gesagt. Vielen, - und doch hat man mich verfolgt. Einer, der die Wahrheit sagt. Einer der das tut, was Sie alle nicht getan haben. Das ist genau das gleiche, wenn ich Ihnen sagen würde:

Wenn Sie mal was gehört oder gelesen haben, als mein Körper noch klein war. Kommt letzthin eine Frau und sagt zu meiner Sekretärin: Ja, ich kenne Herrn Gröning, ich bin so halb verwandt mit ihm. Und meine Verwandten haben mir dies, das und jenes gesagt. Und, das ist ein ganz wunderbarer Mensch, und... aber heute habe ich es nötig.

Mhm, da kam sie <die Sekretärin> und schilderte mir das, was meine nächsten Verwandten gesagt haben, und auch die weitläufigen, wie sie den Kleinen von früher her kennen. Ich habe nur das Wahre getan, nur Wahres gesprochen, nichts Unwahres, und das ist richtig so.

Ich habe mich nicht verändert. Der Mensch aber hat sich verändert, er ist mehr und mehr dem Hochmut verfallen.

Was bildet der Mensch sich schon ein, wenn er ein neues und gutes Gewand hat. Sehen Sie mal, wenn Sie sich so betrachten am Sonntag, die sonst nichts haben, aber dass sie doch einen Nagel im Kopf haben, diese Menschen am Sonntag, es fällt auf, dass sie nun so was nicht gewohnt sind, aber <sie> bilden sich viel ein, und wie ich es heute noch so deutlich bewiesen: „Die schau' ich nicht an." Wissen es Sie? Warum ist der Mensch so? Kommt es auf das Kleid an? Kommt es auf den Geldbeutel an?

Nein, es kommt auf den Menschen an. Der Mensch will alles so haben, dass es hübsch ist. Sie sind alle für das Hübsche, mehr oder weniger eingestellt, nicht für das Gute. Das Gute müssen Sie nehmen, das Äußere ist ja doch nicht das Innere! Und wie der Körper aussieht, oder wie er bekleidet ist, ist doch so nebensächlich. Ein gutes Herz, sagen Sie, es sind wenige, die es sagen, muss der Mensch haben. Er muss gut sein, und er ist gut. Wie mir letzthin ein Freund in München sagte:

„Ja, ich habe eine Frau kennengelernt, die ist so gut."

Aber ich habe gesagt: Der Körper ist wohl ein Wrack.

Freund: „Aber der Mensch ist gut, hat einen guten Kern."

Ja, aber das Äußere ist doch nicht das Innere. Wenn beides gleich gut ist, dann ist <es>gut. Aber nicht nach dem Äußeren urteilen. Der Mensch kann ja noch nicht mal sich selbst beurteilen, noch viel weniger seinen Nächsten beurteilen; was der bisher getan hat.

Er hat ihn verurteilt, das ist sehr leicht, ohne zu wissen, ohne überzeugt zu sein, verurteilt er seinen Nächsten, damit hat er sich selbst verurteilt. Damit hat er ja seine Visitenkarte von sich gegeben, da zeigt er ja, wer er ist.

Um aber einen seiner Nächsten beurteilen zu können,
muss er erst zu sich zurückfinden, indem er sich selbst
beurteilt, und dann kann er seinen Nächsten beurteilen.
Na, ist denn das jetzt klar. So groß, und so krass ist der
Unterschied.

[An 4.P.:] Liebe Frau, grübeln Sie doch nicht, wo sind Sie
jetzt wieder. Sie nehmen so viele, muss sagen, blöde Gedanken auf.

Teil 17
Sie schenken ihrem Körper
doch keine Beachtung!

Sie kommen noch nicht klar mit ihm. Nehmen Sie doch, was Sie brauchen! Warum so viele<s> aufnehmen? Nicht immer auswandern! Nicht da, Gedanken 'reinziehen, die Sie gar nicht haben, mit denen Sie nichts anzufangen wissen, Sie werden gar nicht damit fertig, da wird der Mensch nachher durcheinander, dann. Und Sie zerstören die eigene Kraft und die eigenen Energien. Ja, <um> die Gedanken aufzunehmen, brauchen Sie <zu> viel Energien jetzt. <Das> habe ich Ihnen ja hier, in der vorletzten Stunde, schon gesagt. Oder wissen Sie das nicht mehr? In der letzten Stunde habe ich auch noch was erwähnt, da waren Sie auch schon hier, ja. Na ja, aber da ist doch noch viel, viel mehr zu sagen. Ich glaube nun nicht, dass Sie das als Lüge so annehmen von mir. Nein, ich muss Sie zur Ordnung rufen, oder wollen Sie das nicht?

Zur Ordnung rufen, heißt zu Gott rufen.

Teil 18

SO EIN DRECKSPATZ

Es ist genau so, wenn zu Ihnen einer gekommen wäre und wie auch schon gekommen, und die Mutti oder der Vater ist schon daheim, und Sie sehen mit diesen dreckigen Schuhen will der 'reinkommen. Da geht der Mann hin und sagt: „Lieber Freund, aber meine Frau hat gerade sauber gemacht, und Sie tragen den ganzen Dreck rein." Warum haben sie da nichts vorgelegt, dass er sich die Schuhe da abkratzen kann? Da geben Sie ihm ein Tuch, da machen sie es meistens auch nicht, aber so ein Dreckspatz. Nein, er hat den Dreck noch an den Füßen, und doch sorgen Sie schon dafür, dass er Ihnen den Dreck nicht 'reinträgt.

Aber das ist nur die Ordnung um den Menschen. Wie ist es aber jetzt im Menschen beschaffen? Er hat nicht gewollt, aber Sie müssen ihm ja behilflich sein, Sie müssen ihm ja was geben, dass er sich vor Ihrer Türe den Schmutz abkratzt.

Da nehmen Sie wenigstens dann die Bürste und bürsten ihm das dann ab, oder ja, viele Menschen sagen: Ich habe so etwas nicht nötig, er soll es doch selbst machen. Na, wenn er nicht will, dann zeigen Sie ihm das, dass Sie sich nicht schämen, dass Sie ihm den Dreck abkratzen, seien sie lieber froh, da den Dreck abzukratzen, als dass sie Ihnen den Dreck 'reinbringen, da haben Sie die ganze Wohnung sauberzumachen. So müssen Sie rechnen, und das ist eine gute Rechnung, und die ist sehr billig die Rechnung.

Lieber dem Nächsten die Schuhe abputzen, ehe er die ganze Wohnung verschmutzt. Und damit haben Sie der Mutti auch schon geholfen. Die Mutti weiß es ja gar nicht, merkt es gar nicht; Und wie muss noch der Mensch sein? Er muss auch ein Rechner sein. Haben Sie auch damit gerechnet, dass es so ist?

Oder haben Sie anders gerechnet?
29.P.: „Nein."

Wie war es dann bei Ihnen?
30.P.: „Jawohl."

Wie war es denn bei Ihnen?
31. „Jawohl."

Ja, sehen Sie, das ist nur so eine halbe, aber ist noch keine Frage! Wie ist es bei Ihnen? Sie sollen sich nie da anschließen, was ich an Fragen vorher gestellt habe, an Ihren Nächsten! Sondern wie ich frage. Ja, wie das beantworten, dann sind Sie irgendwo gelandet, wo es doch wieder ein Durcheinander gibt. Jeder soll bei sich selbst sein, bei seinem eigenen Körper, er soll seinem Körper Beachtung schenken und er soll immer von da aus, wie er es selbst fühlt, antworten. Das ist richtig!

Ja, und noch was? Meinetwegen! Gut.
32.P.: „Es ist sehr warm im Körper.

Sie sitzen ja am Ofen.
P33.: [Unverständliches]

Das merkt er nicht. Vielleicht, dass Sie einen dicken Rock anhaben. Haben Sie <den> Pullover auch noch an?
Alles aus. Nein?
34.P.: „Nein."

Im Winter dünn bekleidet, und im Sommer dick, was ist besser? Trägt die Hitze nicht weiter hin. Oder? Glauben Sie, das ist anders?

Na! - Bitteschön.
35.P.: „Ich fühle mich wohl."

Bitte?
36.P.: „Ich auch."

Sie?
37.P.: „Ja, ich fühl' mich gut."

So dann sind Sie den Gröning bald los.

[Lachen]

Bitte?
38.P.: „Ja, ich fühl' mich gut, sehr gut."

39.P.: „Ich fühle mich wohl..."

40.P: „Könnt ich Sie was fragen?"
Ja, sicher! Warum so? Warum nicht gleichbleibend sein? Das ist das Wechselhafte beim Menschen. Wenn ich es nachmache, habe ich auch einen Grund. Schauen Sie mal, da der Mensch so ist, so verlegen! Ich muss das sa-

gen. Ich muss Ihnen das vormachen, d. h. nachmachen,
so Sie es ja vorgemacht haben.

Aber haben Sie nicht gemerkt an meinem Gesicht, an der
ganzen Haltung. Stimmt doch? Nein nicht verkrampfen,
sondern dass der Mensch verlegen ist. Ja was soll jetzt
noch <alles> sein?[25]

Ja, lieber Mitmensch, vergiss Dich nicht. Nimm doch all
das was für Dich, was für deinen Körper bestimmt ist.

Und ich sag' doch nur die Wahrheit. Deswegen brauch'
er doch nicht bedrückt sein, viele Menschen, die die
Wahrheit nicht nötig, die geben ja ab, sind auch noch
nicht frei.

Aber hier geht es doch wirklich nicht um Gröning, hier
geht es um jeden einzelnen selbst, um sein Leben, um
die Ordnung, die er nötig hat wieder in sich aufzunehmen.

Das ist wichtig! Na, wie ist es jetzt?
37.P.: „Ich fühle mich wohl.“

Bitte?
38.P.: „Ich fühle mich wohl.“

---

25 B. G. ahmt Mimik und Stimme nach.

Teil 19

VERNUNFT und NATUR

Also nicht mehr so, liebe Frau! Vernünftig sein, wenn Sie ganz natürlich bleiben bei mir, dann brauchen Sie den Körper nicht zu verrenken. Ich will auch, dass Sie sich wohlfühlen in Ihrem Körper. So im Körper die Ordnung ist, so werden Sie auch um sich, in dem Körper die Ordnung schaffen. Dann können Sie auch Ihren Körper nützen. Dann werden auch Sie zu den Ordnungsliebenden zählen, dann werden Sie später auch hier alles geordnet haben, dann werden Sie auch wissen, was Sie aufzunehmen haben und was nicht, was belanglos ist für Sie. Was nehmen Sie da auf, mit dem Sie doch nichts anzufangen wissen? Nur immer das Wichtigste aufnehmen, das Hauptsächliche. Das Nebensächliche lassen wir beiseite. Ist doch so nebensächlich, was der eine und der andere jetzt draußen tut, hauptsächlich ist, dass Sie das Richtige tun. Damit Sie durch diesen <Körper> Ihren Nächsten auch belehren können. Das ist wichtig. Es gibt so viele Menschen, die ihren Körper nicht mal mehr nützen können, ihn nicht bewegen können, weil er kraftlos geworden ist.

Dann können Sie zu ihm gehen, Sie können ja für ihn Kraft aufnehmen und ihm geben. Sie können und werden auch danach daran glauben. So Sie es einmal getan haben.

Na, und wie ist es bei Ihnen jetzt?
39.P.: „Ich fühl' mich wohl.“

Sind Sie ein Fürst? Fühlen Sie sich so fürstlich?[26]
39.P.: „Frei, fühle ich mich.“
Frei? Sind Sie verheiratet?
[Lachen]
Ihre Frau ist nicht hier?

Wenn ein Mensch sich frei fühlt, warum sagt er nicht, wovon er sich frei fühlt? Ich fühle mich frei von all den Schäden, wie ich sie einst in meinem Körper wahrgenommen.

Er sagt: Ich fühle mich frei! Nun, ist doch Gefahr oder nicht? Für den Mann, auch für die Frau Gefahr, ich fühle mich frei!

[Lachen].

Langsam, - da kann leicht einer kommen und sagen: Aha, er fühlt sich frei. Sind Sie auch ein ja ein Freiherr von Füßen? Ja?

Nein, Freunde, ich spreche nur das deutlich <aus. Ich> muss auch so viel sprechen, um Ihnen das verständlich zu machen. Wie Sie es erst erfasst haben, deswegen sage ich, wie ich zu Anfang sagte:

Wer mich erkennen will, der muss sich erst selbst erkennen, und so er sich selbst erkannt hat, dann wird er mich auch erkennen. Dann wird er mich auch verstehen,

---

26 Der feine Humor, ver?bunden mit der natürlichen Liebenswürdigkeit Bruno Grönings, liegt selbst in der Stimme.

so er sich erst mal selbst versteht, aber der sich selbst
noch nicht versteht, wie will er seinen Nächsten
verstehen.

Wenn wir von beruflichen Dingen sprechen wollen, dann
müssen Sie den Beruf erst erlernen. Als Laie kann man
Ihnen das nicht sagen, da verstehen Sie es nicht, und da
können Sie leicht belogen und betrogen werden. Oder
aber, Sie sagen: „Ich glaube dem nicht, der mir das da
sagt, der haut mir das so fachlich hin, was für Ausdrücke
das sind, das habe ich ja noch nie gehört, was soll denn
das sein!" Selbst als Lehrling werden Sie erzogen. Da
wird der Lehrling nach so manchen Dingen geschickt
zum Meister, die gar nicht existieren, und damit er
d'raufkommt, damit er dazu angehalten, damit er auch
die Fachausdrücke beherrscht, und damit er nicht mehr
irregeführt wird.

Und so brauchen auch Sie das Natürliche. Sie müssen
wissen, was für Sie wichtig ist, damit Sie nicht mehr von
Menschen belogen und betrogen werden.

Wem sein <Wessen>Zügelchen fährt bald?
40.P: „Um elf Uhr."
41.P: „Meiner fährt vierzehn Uhr siebenundvierzig."
Was ist die Uhr?
42.P: „Es fährt später einer."
So nun denken Sie nicht an's Zügelchen Sie schaffen es
schon. Und wenn Sie es nicht schaffen, ist es dann etwas
Schlimmes?
42.P: „Es fährt später einer."

Fährt man zu Fuß. Wohl dem, der den Weg zu Fuß zurücklegen kann, nicht? Aber ist da nicht der Mensch zu bequem? Stundenlang können Sie tippeln. „Aber warum?, ich habe ja eine Rückfahrkarte, ich kann ja fahren." Kann er ja sowieso nicht, aber warum nicht? Glauben Sie, das gehen tut Ihnen nicht gut? Wenn Sie eine Bahnstunde haben, dann ja können Sie 10 oder 12 Stunden zu Fuß <gehen>. Tut Ihnen sehr gut.

[Lachen].

Aber da sammelt sich die Kraft, diese Bewegung brauchen Sie, würde ich Ihnen überhaupt empfehlen. Wo ich so gerne gehe, und ich werde so gefesselt, ich muss sitzen und komm' kaum noch zur Bewegung. Aber muss das denn in Kürze alles so aufleben, dass es ganz frei ist, dass ich meinen Körper voll und ganz nützen kann? Und um Ihnen meinen Körper auszuleihen, d. h. Ihnen zur Verfügung stellen kann, dass ich mit diesem meinem Körper spreche, und ja, Sie wollen ja auch was sehen.

Die Menschen sagen, sie wollen für Ihr Geld was sehen, das gibt es auch. Nein, Freunde, das ist nicht ausschlaggebend, ausschlaggebend ist, dass jeder von sich das weiß, was er ist, und was er nötig hat.

Nun, wer hat von Ihnen schon Erfahrungen am eigenen Körper gesammelt? Nun? Wer kann schon was berichten? Aber nicht halbe Sachen, sondern nur ganze.

Wer hat Erfahrungen, bestimmte Erfahrungen

gesammelt? Na!

Manche? Bitte!
39.P.: „Ich habe..."
Sie haben? Was haben Sie? Was haben Sie erfahren?
39.P.: „Ich bin so leberempfindlich gewesen, der
Schnupfen... alles nicht mehr da, alles weg."
39.P.: „ warum ist es noch nicht?"
Wenn es jetzt nicht aufgenommen wird von Menschen,
dann wandert es da zurück, woher es gekommen ist.
Na?
39.P.: „Ja, freilich."

Aber was glauben Sie, was der Mensch alles aufnimmt?
Doch nun, was glauben Sie, wie überhaupt die
Störungen in dem menschlichen Körper zustande
kommen? Erst im Menschen, der übergibt sie seinem
Körper. Wie er alles anzieht, so viel Kraft hat er. Das
Böse kommt ja von selbst, und so wird es nicht
abgeführt, wird er es nicht los. Was gibt es überhaupt
noch an natürlichen Dingen für den Menschen? Wer sich
selbst schon nicht mehr natürlich <gibt>, der kann schon
gar nicht mehr daran glauben.

Aber ich glaube, so Sie Erfahrungen gesammelt haben,
und auch weiterhin sammeln werden, dann wird der
Glaube in <Ihnen> gefestigt und dann werden Sie es
Ihren Nächsten auch so sagen können, wie Sie es
<selbst> wahrgenommen haben.

Nun sind das so Kleinlichkeiten, wenn ich die Berichte so
durchgehe, dass Menschen, [das heißt] seit Jahrzehnten

behaftet waren von dem Bösen, von Störungen, wo
Menschen alles Mögliche versucht haben, <um> diese
Menschen von diesem Übel freizumachen.

Aber die Versuche haben nicht eingeschlagen. Es half
nichts! Das wurde dem Menschen zum Übel, und
überlegen Sie; über fünfzig Jahre, kaum Luft bekommen.
Und nach diesem, so plötzlich, wo der Mensch die
Wahrheit erfahren hat, nur in einer Gemeinschaft. Ich
mache deswegen keine Propaganda für die
Gemeinschaft, aber so war es. Den Gröning nicht
gesehen und frei von dem <Übel>. Aber nicht nur das
Übel alleine, sondern viele Menschen sind ein viel
größeres Übel losgeworden, das sich in Ihrem Körper
festgesetzt hatte. Wie ist das alles möglich?

Denen hat man aber gar nicht so viel gesagt, wie Sie es
heute hier gehört haben, aber sie haben wirklich das
getan: Ihrem Körper wirklich Beachtung geschenkt und
haben sich nicht mehr verheizen lassen.

Sie haben nichts Böses mehr angenommen, im
Gegenteil. Und plötzlich fühlte das Böse sich so einsam,
da ihm, dem Bösen keine Beachtung geschenkt wurde
und es schwand.

Der Mensch nahm das Gute an, und wo das Gute
auftaucht, das Gute ist immer das Göttliche, das ist Gott
selbst, da schwindet das Böse. Na, soll ich es Ihnen noch
deutlicher sagen? Es würde zu weit führen, wenn ich
Ihnen heute das Böse schriftlich gebe.

Ich frage auch nur immer wieder: Warum, wieso,
weshalb? Wollen Sie das nicht lieber selbst erleben? Ist
doch viel gescheiter. Warum mit dem sich erst selbst
betäuben, damit Sie es glauben können. Das ist doch
falsch.

Na, wie geht's Ihnen heute?
40.P.: „Ich fühle mich erleichtert.“
Nun, wenn Sie dem Bösen anbeten, dann braucht man
das Böse nicht nach sich zu ziehen. Ich dulde einfach das
Böse nicht in meinem Körper. Seien auch Sie so.
[Allgemeines Lachen]

Nun, da hat man sich abends gesund zu Bett gelegt, für
dieses aufgenommen, manch einer <hat sich> noch
geärgert, das heißt den Ärger aufgenommen, die
Erregung, und morgens wollte er das Bett verlassen, und
es war nicht möglich. So, wer hat sich jetzt endgültig von
dem Bösen gelöst?

Du hast ihm [dem Körper] das Versprechen gegeben,
dass er mit dem Bösen nichts mehr Gemeines hat, dass
er sich nie mehr mit dem Bösen abgeben wird, dass er
nur zu dem steht, zu dem wir alle gehören, zu Gott steht,
zu allem Guten, und dann schafft er auch die Ordnung.

Glauben Sie, dass Sie das schaffen?
41.P.: „Ja.“
Alles schaffen?
41.P.“Ja.“

Es geht nicht nur, wie Sie meistens, so den Gedanken

aufgenommen, nur um die Gesundheit hier.
„Das müssen Sie schaffen. Red' nicht viel, mach mich gesund, dann glaub ich![27]" Das gibt's, ja und!

Aber ich weiß auch, dass das zu weit führen würde, den Menschen so weit dahingehend, das zu geben, dass er gar nichts mehr zu tun braucht.

Was würde ich dann aus den Menschen machen, nun? Würde ich ihn erst recht zum Bösen locken. Sollte ich so sein?

Hm?
2.P: „Nee."

---

27 Bruno Gröning spricht das aus, was einige Anwesende denken und unausgesprochen erwarten.

Teil 20

Die AMEISE und
der ELEFANT

Wenn wir, wie Sie hier alle, hier in Europa, die christliche Lehre kennen, wenn auch nicht jetzt, in späteren Jahren, aber wenigstens von der Schulbank aus…

Nun? Da ist Ihnen doch so vieles bekannt geworden, und was bedeutet für uns die Lehre Christi? Nur, dass wir sie da drin[28] haben.

Dass wir bequem sind, und gar nicht daran denken, dass wir es sind, dass wir hier diese Lehren in die Tat umzusetzen haben.

Nicht anders können wir Christus folgen. Nie anders wird es werden, wenn wir nicht zur Tat übergehen. Wir müssen es einfach tun.

Und daher gehe ich immer von diesem gleichen, kleinen Gleichnis aus, indem ich sage: „Wenn Sie Hunger haben, dann sagen Sie, da <dann> müssen Sie essen. Da kann ein anderer für Sie nicht essen, dann schwindet bei ihm nicht der Hunger."

Und so ist es auch hier. Sie müssen Kraft aufnehmen, wo der Körper kraftlos geworden ist. Sie müssen es wollen. Sie müssen es bejahen.

Sie müssen das aufnehmen, aber nicht früher wird es

---

28 Bruno Gröning deutet auf seine Stirn.

möglich sein, so Sie sich von dem Bösen gelöst haben, anders nicht.

Also glaube ich, ist es klar für Sie. Und jetzt tun Sie es doch! Es ist doch so leicht. So Sie sich aber den Mut absprechen und sagen: „Das kann ich nicht schaffen....“.

Die Ameise hat sich den Mut nicht abgesprochen: „Ich kann's. Ich tu' es.“

Sie sind aber so beschränkt, indem Sie sagen: Na, der eine sagt „hundert Pfund trage ich schon.“ und der andere sagt „Ich trage fünfzig Kilo.“ und der Nächste sagt „Ich trage einen Zentner, aber mehr nicht.“

[Lachen]

Ja, und der andere sagt „Ich kann ja etwas mehr tragen, aber nicht lange und bergauf, oder treppenauf, unmöglich kann ich das. Das Gewicht <kann ich> nicht tragen.“ Und wie er es tragen kann, so er daran glaubt. Was glauben Sie! Wie viel Kraft Sie dann bekommen? Aber Sie wagen es gar nicht. Umgekehrt, wenn große Tiere sich ihrer Kräfte bewusst wären, dieser Kraft, die sie in sich haben. Was glauben Sie, was von uns Menschen übrig bliebe?

Jetzt vergleiche ich Sie mit dem Elefanten und setz' Ihnen jetzt die Ameise davor. Die Ameise ist jetzt der Mensch, und Sie sind der Elefant. Was sagt die Ameise, so klein und so kleinen Körper, den sie hat? „Mensch, wenn Du Dir Deiner Kräfte bewusst wärst, die

Du in Dir, in Deinem Körper hast, ha, dann würdest Du
mit mir was anderes machen, aber Du bist Dir Deiner
Kräfte nicht bewusst und trampelst da herum, Du kannst
mir nichts anhaben." Ist doch das gleiche.

Nun wie wäre das aber, wenn wir uns jetzt mit dieser
kleinen Ameise gleichstellen und so gottergeben sind, so
viel Kraft aufnehmen, dass wir das auch schaffen?

Nun sollen wir es aber nicht, Lastenträger werden. Nein,
aber viel, viel Kraftreserven in sich aufnehmen können,
womit Sie Ihren Nächsten helfen. Ist das nicht was
Gutes? Möchten Sie nicht auch ein Helfer sein? Möchten
Sie sich nicht auch voll und ganz in <die> Dienste Gottes
stellen? Muss es denn nur einer sein? Können Sie es
nicht auch sein?

Dass Sie hier im göttlichen Werk so tätig sind, und dass
Sie auch wirklich Gott treu zur Seite stehen und alles so
tun, wie Er es will? Dass wir nach Seinen Anweisungen
das schaffen, dass es wieder zu dem Werk wird, zu dem
Er es bestimmt hat?

Haben die Menschen Sein Werk hier, das Er geschaffen
hat für uns, nicht verkommen lassen? Doch, sie haben es
nicht mehr geachtet. Die Natur sagte ihm nichts mehr,
das Unnatürliche, das Weltliche, das ist ihm alles.

Und ich glaube, meine lieben Freunde, und es ist auch
sehr gut, und ich weiß auch, dass Sie sich dann glücklich
schätzen würden, so Sie wirklich sich in <die> Dienste
Gottes stellen, und wirklich das tun, und nicht zwei

Herren dienen. Den brauchen Sie doch nicht, oder haben
Sie noch keine Erfahrung gesammelt, wer ER ist?

Haben Sie noch nicht genug Böses wahrgenommen in
Ihrem eigenen Körper? Dass das Böse in Sie
eingedrungen ist, dass das Böse um Sie ist, und dass das
Böse keinen Halt kennt und in Andere, das heißt, in all
Ihre Nächsten schon eingedrungen <ist>, die immer
wieder den Einfluss des Bösen geltend machen, indem
sie Sie zu beeinflussen suchen, bis Sie auf „Ihn" hören
sollen. Ich glaube, dieser gute Dienst ist besser.
Aber der erste Dienst ist der, dass Sie sich selbst
freimachen von alldem, dass Sie es wert sind, Gott
dienen zu dürfen, dass Sie sich wirklich von dem Bösen
lösen.

Das ist die schönste, das ist die größte Aufgabe, und so
geht es hernach weiter, und deswegen habe ich das so
klar und deutlich herausgestellt, dass jeder, so er es will,
so er die Vorbereitung für all' das getroffen hat, dass er
sich wirklich von dem Bösen gelöst <hat>, so kann er
seinem Nächsten helfen. Ja, er kann ihm die Stiefel
putzen, das war das, er darf ihm dienen. Ja, oder fühlen
Sie sich noch zu fein dafür? Mhm.?

42.P.: „Entschuldigung, darf ich Ihnen ein kleines
Erlebnis erzählen?"
Wissen Sie welches?
42.P.: „Ja."[29]

---

29 Viele Nebengeräusche stören, dadurch entstehen kleine
Textlücken.

Also, wer jetzt gehen muss, - <dann> wollen wir uns gleich etwas erzählen. Und wer muss jetzt noch gehen? Wer da glaubt da, jetzt gehen zu müssen?

Bitte, ich will Sie da jetzt nicht festhalten und Sie glauben, dass Sie irgend mitbekommen haben von diesem Mal, bis zum nächsten Mal. Nützen Sie die Zeit und nehmen Sie jede Gelegenheit wahr. Ich wünsche Ihnen alles Gute.

43.P.: „Dankeschön."
Bitte schön!

42.P.: „[30]...dies war freitags, und da bin ich <auf> den Wunsch hierhergekommen, <um> einem guten Bekannten, der ein ganz böses Leiden gehabt hat, ihm wenigstens die Schmerzen, die er an den Beinen hat abzunehmen."
Haben Sie nicht gefürchtet, dass Sie mit dem Heilpraktiker-Gesetz in Konflikt kommen, dass man Sie auch auf die Anklagebank zerrt?
42.P.: „Nein."
Nein?, dann ist's gut.
42.P.: „Und als ich hier gesessen hab', erzählt hab, hab ich auch solch furchtbare Schmerzen gehabt, und es hat alle Kraft gekostet durchzutragen. Es hat dann wieder nachgelassen nach einer gewissen Zeit, aber wie ich hier gewesen bin, war es schlimm. Ich konnte' fast nicht mehr sitzen."

---

30 In dem Band sind durch die Tonfärbung oft Hinweise auf Grönings Zeichensprache gegeben, so sind "Brüche" im Text des freien Vortrags nur scheinbar.

Ja, so weit sind Sie ja noch nicht ganz in der Gemeinschaft. Aber ich denke da mal zurück - gut zwei Jahre ist es her, nicht wahr, saßen sie alle so, und ich stand dort, und der Bavay saß dort, und hier saß der junge Mann. Wenn Sie Krankheiten aufgenommen hat beim Nachbar, die er gar nicht kennt solche Dinger...

Sie nehmen es auch auf, aber Sie wissen mit dem noch nichts anzufangen, und tatsächlich ist es wahr geworden. Er, ein Mann hatte es bestätigt, ja und sein Freund, ich hab gesagt, ist ja gar nicht hier, wie, ich habe doch nachgefragt.

Nein, sag ich, ist doch gar nicht hier. Aber er hat mich angeschaut. Ja, aber das ist mein Freund, für den bin ich heute hier. Er ist nicht hier. Er war erst einmal hier gewesen, da hat er da gesessen, da haben Sie anders gesessen und... Ist ja noch gar nicht so lange her.

43.P.: „Drei Jahre.“
Ja, gut 2 Jahre, und ja, gut zwei Jahre und ja und nun, tatsächlich, er wurde gesund, der Freund.

Ohne dass er wusste, dass sein Freund sich für ihn einsetzte, dass er hier war für ihn beten. Er brauchte es gar nicht auszusprechen. Aber wie man sich das alles so ran holt, Freunde, wenn Ihnen das alles so, wo einige doch neu hier sind, erklären würde. Das können Sie gar nicht verstehen. Sagen Sie, wie ist das möglich?

Deswegen sage ich ja: Beschränken wir uns auf das Wichtigste, so Sie gebessert sind.

So Sie die Lehre wirklich in sich aufnehmen und Dem folgen, Dem ich auch folge, auf Den ich höre, Sie auch hören. Ja, dann ist <es> ja gut, dann haben Sie auch Verständnis dafür, und dann können wir hernach weitergehen, das heißt, dann bekommen Sie mehr an Wahrheit und immer mehr sammelt sich. Und dann werden Sie, wenn Sie Rückschau halten:

„Ja, früher hätte ich nicht daran glauben können, aber heute bin ich davon überzeugt." Und das ist das, was notwendig ist, dass Sie selbst sich davon überzeugen. Ja, und nun ist ihm geholfen. Ja, nun ist er frei, oder?

43.P.: „Ja, mein Mann geht sonntags zu ihm, da hat er ganz freudestrahlend erklärt. Also er sagte: Ja, er sei Samstag morgens aufgewacht und hätte' keine Schmerzen mehr im Bein gehabt. - Er ist zwar inzwischen gestorben, gell, aber ich selbst..."
Ja, er ist gestorben, das ist wahr.
43.P.:"Ich selbst hab' gestaunt, dass ihm die Schmerzen genommen waren."

Teil 21

Das KREUZ CHRISTI

Helfen, aber wie?

Ich trage Dein Kreuz. Ich trage die Last aller Menschen[31].
Richtig! Wer trägt das sonst noch? Wird mit seiner
eigenen [Last] nicht fertig, die er sein Eigen nennt.

Wie können wir unseren Nächsten helfen? Wie können
wir das Leid tragen? Wie können wir es ihm abnehmen?
Hat Christus nicht alle Leiden auf sich genommen? Und
glauben Sie den Menschen, ich kann Ihnen heute schon
viele aufweisen, ohne dass ich es für nötig halte, dass Sie
die Leiden in sich aufnehmen und werden Sie aber bald
wieder los, und der Andere ist frei.

Wie erklären Sie sich überhaupt das Heil? Wie glauben
Sie überhaupt, wie das Heil in Ihrem Körper zustande
kommen kann?

Sehen Sie, das ist das Notwendigste und wie oft das alles
so geschieht!

Ja, Freunde, wenn ich da jetzt beginnen wollte, sind wir
an einem Punkt angelangt.

Das ist ein Anfang ohne Ende. Und doch würden Sie
sagen:

---

31 Es gab immer wieder „Freunde" die aus diesen und ähnlichen
    Worten schlossen, dass es sich in der Person Grönings in
    Wahrheit um den wiedergeboren Jesus handelt. Dies ist definitiv
    falsch. Wer erkennt was diese Worte bedeuten, erkennt diese
    Täuschung selbsttätig.

„Das ist ja interessant, gut das zu hören, soll er nur
weiter erzählen. So was habe ich noch nicht, so was
habe ich noch nicht erfahren. So was habe ich noch nicht
gelesen, daran habe ich noch nie geglaubt.
Aber das ist interessant Herr Gröning, erzählen sie
weiter.“

Deswegen frage ich immer wieder, wollen Sie nicht das
selbst erleben?

Das ist doch richtig? Das haben die Menschen ja auch
erlebt. Logisch kommen sie hernach, wo es Ihnen fremd
ist, dass sie mit dem nichts anzufangen wissen.

Aber Sie werden es hernach auch fühlen, bis Sie die
Reife haben, bis Sie sich wirklich von allem Bösen gelöst
<haben> und dann können Sie das schon aufnehmen,
das heißt:

Abnehmen von dem einen und dem anderen Körper[32];
brauchen Sie gar nicht mit der Hand zu machen, das
kommt von selbst.

---

32 Das ist für uns Freunde eine der wichtigsten Informationen
    überhaupt! Bis zu seinem generellen Heilverbot im Jahre 1954
    übertrug er die Leiden auf sich selbst. Die Kranken wurden
    dadurch heil. Nach seinem Heilverbot tat er dieses nie wieder,
    stattdessen gab er uns die Lehre. Hier, an dieser Stelle, deutet er
    ziemlich deutlich an, das JEDER reingewordene Mensch gleiches
    vermag. Leider wird in vielen Gemeinschaften unsinniger weise
    gepredigt, das er die anwesenden Freunde irgendwann einmal
    heilen werde, was jedoch vollkommener Unsinn darstellt und für
    den Leichtgläubigen übel enden kann.

Teil 22
Keine EXPERIMENTE!
Das NEUE BLATT

Wie Sie auch „Das NEUE BLATT" gelesen haben werden,
ja, haben Sie doch gelesen zum Teil wenigstens. [P.: All-
gemeine Bestätigung].

Ja, und da ist so einiges vorgekommen, und ich sage, das
ist komisch, nichts ist das! Und doch ist es viel für den
Menschen. Ja, nicht <wahr>, jeder wundert sich so und
staunt, wie ist das möglich? Ist doch ganz natürlich. So
wie der Journalist und Arzt, was er ist, ja, zu mir kommt,
in die Wohnung kommt. Und kommt er dann so [Dr.
Horst Mann]: „Nun können sie mir jetzt sagen, an wen
ich denke..."

Und so 'nen Blödsinn wie er mir vorkommt. [Lachen]
Glauben schon, die haben jetzt schon das Recht, Fragen
zu stellen, oder von mir derartiges zu verlangen. Hm,
nein -- , sag ich. - Ich habe noch mehr gesagt und sagte
dann: Nein, wie Sie wollen, nicht!

Dr. Mann: „Tja, da komm ich doch damit, das will ich
doch wissen für die Presse, die Zeitung. Ich will doch was
'rausstellen."

Nein, gehen sie jetzt mal auf den Balkon und schnappen
sie frische Luft, sage ich, sie haben es nötig. Ich setze
mich hernach dann zu ihm, und dann hat er den Gröning, den Körper Gröning, beobachtet. Was glauben Sie?

Was tut er jetzt, was macht er jetzt? Ja, was muss ich
dann tun? Zigarette hab' ich geraucht. Dann sagte ich:
Na, beobachten sie mal gut. Dann hat mich aber der
Herr... Aber doch...! Ich will, ich will jetzt, Ihnen die Gedanken sagen.

Dr. Mann:"Aber wie?"

Danach haben sie kein Recht zu fragen. Und ich werde
das gleich erfüllen, was ich zu erfüllen habe.

Wie wird er das machen, wie erst recht hat er meinen
Körper beobachtet?

Wie macht er das jetzt? Schauen Sie Freunde, deswegen
brauch' ich auch ein bisschen, fällt ja gar nicht auf.

Sie beobachten nur das Äußere, nur den Körper. Es ist ja
nicht der Körper, der ist gut, und der ihn besitzt, <den>
sehen Sie nicht, und wie es geschieht, <das> sehen Sie
nicht, sie sehen auch nicht, dass die Nächsten hier sind.

So Sie, das heißt, ihn gedanklich aufgenommen, ist er
hier. Aber daran glauben Sie ja gar nicht. Dann Sie sagen,
ich bin verrückt, ich spinne. Aber um den Menschen diesen Beweis dafür zu geben - war schon was.

Aber sag nicht, warum ich's tue, wie er es wollte. Nein,
das mach' ich lieber über einen anderen. Da kamen meine Nachbarn, Frau Bauer, <hat> jetzt aufgenommen. So
wie er, <Herr Dr. Mann> es sich zuerst gedacht hatte,

und < dann darauf> schon hernach die Geburt.

Muss vorausschicken, dass Frau Bauer noch kein Kind zur Welt gebracht hat. Sie weiß gar nicht, wie das ist, aber doch hat sie es gefühlt, wie das sich alles abwickelt. Ja, ich habe nur nachher gesagt: <Dr.>Mann, das sind die Geburtswehen, „zufällig" hat's gestimmt.

Was glauben Sie, wer da hat angerufen nach Hamburg? Habe Ihnen doch gesagt, sie ist jetzt doch verdreht, in was für einem Zustand sie jetzt ist, was sie jetzt überfallen hat. Was sie im übrigen gesagt hat, das hat sie auch gespürt, und so spüren ihre Nächsten das genauso.

Ja, und dasselbe Empfinden, so Sie Ihren Körper Beachtung schenken, finden <sie> das hier komisch: Was ist das?

Und so hat die Frau das in Hamburg auch empfunden, wie ich's diesem guten Mann gesagt habe. Hat ihn sofort überzeugen können und nur noch eines, das hat nun alles gestimmt, also, - war der Architekt[33] dabei. Die Haare haben ihm zu Berge gestanden, obwohl er sie über gekämmt hatte.

[Über/an eine Person im Publikum:] Sie horcht nicht mehr, sie folgt nicht mehr. Sie proben sich an Gott. Sie haben eine gute Antenne...

Aber der wusste doch nicht, wie das alles vor sich geht.

33Ein Freund Bruno Grönings. (Ein sehr bedeutender deutscher Architekt der Nachkriegszeit.)

Da sind nur über achthundert Kilometer Ab<stand>. Keinen Namen gesagt, nichts, gar nichts, nichts, nichts, nichts.

Ich muss ja nicht reden. Sehen Sie, aber ich muss zu Ihnen reden, dass Sie mich verstehen. Sie brauchen das gar nicht.

Ich tu' das nur so. „Zufällig" hat das gestimmt. Er hat sich überzeugen können. Am Sonntag war die Geburt. Zu guter Letzt habe ich auch gesagt. Hm, jetzt glauben Sie noch, dass ich nicht weiß, wer das ist? Das ist ihre Frau

Dr. Mann: „Jetzt kann ich nichts mehr geheim halten."

Nein, sag ich, hierin nichts. Dafür interessiere ich mich. Dazu bin ich hier. Wissen Sie, wozu Sie hier auf dieser Erde sind?

Müssten Sie nicht erst recht das größte Interesse für sich selbst, für Ihren eigenen Körper haben? Ich glaube doch! Und ehe Sie zu dem übergehen können, <das> welcher Ihr Nächster ist. Nun und der zweite Gedanke, an den er gedacht hatte, das hat mein Nachbar gesagt.

Das haben Sie doch aus der Zeitung entnommen, wenn Sie diesen Artikel gelesen haben. Hm, wie ist das möglich, nicht?

Ja, liebe Freunde, aber ich bin nicht dazu hier auf dieser Erde, um womöglich, wie Menschen glauben, zu experimentieren. Oh nein, das, was hinter mir liegt, das sind

Beweise, die Sie selbst zu dem bewegen sollen, um da
die Beweise herauszuholen.

Und Sie sind sich, ich sage es noch einmal, doch am
wichtigsten, am wertvollsten. Sie sind sich doch nicht
mehr nebensächlich, sondern betrachten sich jetzt auch
als hauptsächlich. Und lassen Sie Ihrem Körper das
Hauptsächliche auch zukommen.

Na, und dann können Sie hernach auch genügend Kräfte
aufnehmen, so keine Störungen im Körper sind, so wird
er aufgeladen, und so können Sie alles Mögliche tun.

Glauben Sie nicht an die Worte meinetwegen, glauben
Sie aber an sich selbst und das, was für Sie bestimmt ist.

Sie haben die Pflicht und Schuldigkeit, sich von all dem
zu überzeugen. Ich weiß, dass Sie hier noch nicht allzu
viel erlebt haben.

Jede Gemeinschaft, habe ich Ihnen auch schon mal das -
wie sagt man da - das letzte Mal nicht, das vorletzte Mal
nicht, das vorvorletzte Mal nicht, und wie sagt man
dazu?

In der Gemeinschaftsstunde habe ich es gesagt, habe ich
Sie aufgeklärt, soweit Sie damals schon hier waren.

Ja, Freunde, und so gibt es so viele, viele Male, es gibt so
viel, aber nur eine Zeit und Gelegenheit gibt's überall. Bis
nur immer eine Gelegenheit, die Sie zu nützen haben.

Heute haben Sie wieder Gelegenheit. Heute haben Sie
wieder Aufgaben gestellt erhalten. Heute wissen Sie wieder, was Ihre Pflicht und Schuldigkeit ist, was Sie hier zu
tun haben, was Sie sich, Sie Ihrem Körper schuldig sind,
und dass auch Sie dann in dem Willen Gottes so leben,
und all das tun, wie Gott es will, dass Sie Ihrem Nächsten
helfen.

Reichen Sie ihm dann auch die helfende Hand! Aber sorgen Sie erst dafür, dass Sie frei sind! Und eine Mutter,
ein Vater, ein Mensch weiß nicht, weiß gar nicht, was so
um ihn ist. Er weiß nicht, dass er helfen kann. All dieses
ist der Mensch sich nicht bewusst. Ist Ihnen übel geworden?

Na, bisschen dicke Luft, nicht? Na, dann müssten Sie mal
so einem Prozess beiwohnen, da ist mehr als dicke Luft!

44.P.: „Das ist Makulatur, Böses.“

Nur nicht fürchten, und was ihnen da bevorsteht. Ich
habe am nächsten Monat wieder einen Prozess. Das ist…

(Die störenden Nebengeräusche beeinträchtigen das
Tonbandprotokoll bis zum Vortragsende.)

Ich habe den Wunsch gehabt, er wird mir erfüllt, --- der
ja. Das kann man auch, was von Menschen kommt auch
noch verschieben, aber -….

Ich bin nicht erregt und das ist doch schon was, nicht?
Und <wenn> sie alle auf einem hacken, na. Aber warum

ist Gröning selber so dumm? Das ist doch der Unterschied. Und hier gehört ein Mensch, Menschenkinder
anvertraut.

45.P.: „Wenn sie wollen, ja."

Sie wollen helfen, glauben Sie dass Sie helfen können?
Ja? Nein, wenn Sie wollen. Ja. Das ist Ihre Frau. - Wenn
Sie Ihre Frau ärgern, das heißt wissen Sie es dann noch
nicht. Hat sie es gleich: Ich weiß, ich glaub' fühl' es und
umgekehrt.

45.P.:"...ist es auch so."

Nein?

45. P.: „Mein Mann sagt nur nichts, aber er hat es..."

Also, meine lieben Freunde, ich habe jetzt lange..., damit
Sie Ihren Zug um elf Uhr nicht verpassen. Und ich glaube,
ich habe Ihnen heute so viel mit auf den Weg gegeben,
dass Sie wissen müssten, was jetzt Ihre Hauptaufgabe
ist, ohne dass Ihr Sprüche macht, ja. Mutti haben Sie
mich auch verstanden, jetzt? Ja?

Na geh' Mutti. Haben Sie alles verstanden, jetzt?

46.P.: „Nein, alles habe ich nicht verstanden."

Haben Sie sich selbst verstanden? Wissen Sie, was Sie
wollen?

46.P.: „Ja, das schon."

Wissen Sie was Sie nötig haben?

46.P.: „Ja."

Das ist das Wichtigste. Alles können Sie sowieso nicht
beibehalten. Was ich gesagt, und wie ich gesagt. Wie ich
es erklärt habe, das können Sie nicht. Wenn ich jetzt sagen würde: So jetzt sprechen Sie alle das wieder, was ich
hier gesprochen habe. Vielleicht ein bisschen anders, wie
oder was, sind Sie nicht in der Lage. Sind Sie noch viel
weniger als ein technisches Wunder, was man hier mit
dem Mikrofon aufgenommen hat. Ist das Gedächtnis-
stütze, oder was ist das für eine Stütze? Aber warum
setzt sich der Mensch dieser Blöße aus? Noch Jahre später können Sie das Tonband vornehmen und kriegen immer wieder dasselbe serviert, was es aufgenommen hat.

Das Gleiche können auch Sie, was Sie vor Jahren aufgenommen haben, können Sie immer wieder von sich geben, und dann sagen Sie, wenn ein Mensch dazu imstan-
de ist, ja das ist doch ein Wunder, wie kann der nur. Ja,
einen Dreck wird man auf's Tonband nicht aufnehmen,
das ist zu teuer und man will den Dreck nicht hören, man
will nur Gutes hören, deswegen hat man es ja heute
hierher geschafft, damit Sie wieder nachhören können,
was gesagt worden ist. Ja, aber warum <bedeutet> der
Mensch so wenig für sich? Warum muss er das < den
Dreck> annehmen? Warum kann er das nicht hier aufnehmen? Aber für Sie ist es wertvoll, ich glaube, dass unser Freund Riedinger (Gemeinschaft Karlsruhe) daran ge-

dacht hat, Ihnen das mal vorzuspielen, was ich heute hier gesagt habe. Ja, Freunde, und dann besinnen Sie sich auf die Stunde heute, hier, und es ist immer die gleiche Stunde, die der Mensch für sich zu nützen hat. Immer muss er sie nützen, die Zeit will genützt werden, so der Mensch sie nützt, so hat er sie. So wird er, auch nicht was, sondern das erleben, was er hier zu erleben hat.

Teil 23

Die KUGEL und die HANDTASCHE.

Bruno Gröning als Fabrikant

Ist einer heute hier, der da glaubt Fragen stellen zu müssen; wer neu hergekommen ist?

Keine Fragen? Es bleibt auch, das habe ich mir gedacht, bleibt auch keine Frage übrig. Aber lassen wir zu dem, gut, ich will Sie auch noch weiter belehren.

Bitte schön! Stellen Sie die Frage, die Sie zu stellen gedacht, die können Sie jetzt stellen. Bitte schön!

47.P.: „Herr Gröning, bitte, kriege ich so eine Kugel von Ihnen?"

Was ist das? Was habe ich gesagt? Ist es notwendig, dass der Mensch, dass Sie eine Kugel haben müssen? Habe ich das nicht gesagt? Und doch nimmt er diesen Gedanken, doch hält er den in sich fest: „Ich möchte eine haben." Hier nehmen Sie die Handtasche, habe sie nicht berührt, muss ja auch nicht. Aber dass das eine Kugel sein muss, ist nicht unbedingt notwendig. Es gibt Menschen, die sie gar nicht zu schätzen wissen, sag ich auch. Ja, das ist eine Kugel... Und da geben Sie in den Wäscheschrank und wissen gar nicht, da kommen sie zu mir, und wissen gar nicht, wo sie ist. Da muss ich in deren Behausung wühlen, wo ich gar nicht drin war und noch nie war bei den Leuten, in ihrem Wäschefach. - Sie haben die Kugel doch da liegen lassen und Ihre Frau hat sie darein gelegt.

„Ich habe meine Frau gefragt, die wusste nicht"

Sag' ich, da gehen sie heim und holen sie da raus, hab ich ihm die Wäschestücke gesagt.

48.P.: „Herr Gröning, wie wissen Sie?"
Ja, das wissen Sie nicht. Wie weit man doch sehen kann. Man kann auch Rückschau halten. Aber damit will ich herausstellen die Menschen, doch <den Preis dafür> preisgeben, wie wenig er von sich, noch von seiner Umgebung weiß, wie wenig - gar nichts. Es ist ihm nicht hauptsächlich, sondern es ist ihm so nebensächlich, und wie ich auf alles achte.

Aber Freunde, dass ich kann, so es mir gegeben, wird's Ihnen auch gegeben, so Sie erstmal das getan, was Sie an sich selbst zu tun haben und dann auch an Ihren Nächsten.

Aber sind Sie nicht so langsam! „Ich will nicht gleich so sein wie er, langsam, langsam."

So ich etwas verlange, würde ich es auch nicht bekommen. Ich erlange es immer zur rechten Zeit, immer dann, wenn ich es brauche, immer, und sonst tue ich auch nichts.

Wenn es hier ein Durcheinander geben würde, auch von Fragen, oh da muss ich schnell schalten. Aber so ich auf Fragen eingestellt bin, dann geht's schnell, dann kriege ich es schnell. Bin ja kein Schriftgelehrter, und doch weiß ich in dem Aktenkram Bescheid, nicht? Brauch's nicht gelesen zu haben. Aber ich schlage darin auf und weiß, wo das Wörtchen oder das Sätzchen steht. Das ist so sonderbar.

Ja, ich nütze die Zeit richtig, Freunde, nicht, dass ich mich darin vertiefe und nachher durcheinander werde. Nein, was ich brauche, bekomme ich schon und genauso ist es auch bei Ihnen. Wenn Sie es brauchen, werden Sie es bekommen, so es notwendig ist.

Bitteschön.[34] Versündigen Sie sich nicht. Alles Gute. --- Haben Sie schon eine Kugel?

49. P.: „Nein.“
Sie sagen schon gar nichts. Ich wünsche Ihnen alles Gute. Verlieren Sie sie nicht.

Aber mir geben Sie alles gesammelt, was Sie in sich haben, nicht wahr?[35] Ich muss damit fertig werden. Aber so Sie was empfangen, achten Sie darauf, und Sie werden auch damit fertig werden.

50.P.: „Ja.“

Oder glauben Sie nicht. Hat man einen Anfang gemacht...--- Sie haben auch noch keine, ...auch noch

---

34 Bruno Gröning händigt von jetzt an Kugeln aus. Es entstehen störende Nebengeräusche.

35 Beim Verteilen der Kugeln entstehen natürlich Nebengeräusche, auch wird nicht immer ins Mikrophon gesprochen, daher fehlender Text.

keine, ... auch noch keine. Oh, jetzt machen Sie mich ja zum Fabrikanten. Sie machen mich wirklich zu dem, wie ich dem Richter gesagt habe...

Und wer glaubt ein Recht zu haben, das mir zu verbieten?

51.P.: „Keiner."

Tue ich es heute auch...Kommen Sie her...Aber nicht verkaufen, nein. Doch, es gibt Menschen, die sie verkauft haben.

Sie haben auch noch keine. Kommen Sie her, ... Kommen Sie her,... So, zufrieden?

Teil 24

Nicht DAUMEN,
FINGER heißt er!

Meine lieben Freunde, wenn Sie wüssten! Ich habe einem Freund nach Brasilien ein paar Kugeln mitgegeben und ein paar Folien.

Jetzt am Montag, was haben wir heute? Ich glaube diese Woche, Montag war's, habe ich ihn hier getroffen, er ist im Urlaub. Was glauben Sie, was der, dieser gute Freund, alles Mögliche zu berichten weiß. Der weiß die Kugel zu schätzen! Er hat auch hier und dort mal einem und dem anderen was geben können.

Nun einen Fall, wie groß die Ansteckungsgefahr ist! Er begegnete einen älteren Herrn, und der klagte sein Leid und sagte: „Ich fühle mich starr. Ich kann mit meinen Händen nichts mehr tun, und das habe ich schon viele Jahre, aber ich kann die Hände gar nicht nützen. Jetzt muss ich zum Arzt, und der will eine Operation vornehmen, und der biegt ihn mir zurück, aber steif bleibt er. Bin ich doch ein geplagter Mann! Ich hab' schon Jahre eingebüßt, und habe nicht mal so schaffen können, wie ich schaffen wollte."

Und dieser Freund denkt vor sich hin: „Gröning sagt, ...gib ihm so gewiss, dass ihm geholfen wird."

Dann sagt er"Hier ich gebe Ihnen die Kugel", griff zur Tasche und gab ihm die Kugel. Er hielt sie so in der Hand, nichts gesagt von Gröning, wie er das so glaubte, der

Name Gröning auftaucht, oh, nun gut, Sie wissen nichts.

Oh Herr vergib Ihnen, denn Sie wissen nichts. Dieser gute Mann nimmt die Kugel hier zur Hand...

„Ja, halten sie ruhig mal fest." Er kommt gar nicht zum Fragen, was das bedeuten soll, die Kugel. Er hält sie denn so fest, aber der Finger war steif und er zieht die anderen Finger zu und sagt nun sagt: „Da ist's, das ist es, sehen Sie her."

„Ja, das ist die Antwort unseres Freundes von dem ich die Kugel habe, mit dem ich gebetet, den ich gebeten, dem Menschen die Kugel zu geben, der sie braucht."

Ja ist --- und jetzt ist er frei! Warum? Jetzt kann er glauben! So weit ist der Mensch herabgefallen!

Und sein Sohn [des geheilten Vaters] war verunglückt, von einer Brücke gestürzt, sodass er im Krankenhaus gelegen <hat> in einem Gipsbecken. Er konnte seinen Körper nicht rühren, war auch nicht klar bei Bewusstsein, und <er> hat da schon ein Jahr gelegen. Die Ärzte sagten, da können wir nichts machen, das ist zerschmettert, ist nichts mehr möglich. Die Frau von dem Mann sagt zu ihrem Mann, er kam gar nicht mehr drauf: „Wie wäre es, Dir hat die Kugel geholfen, kann die Kugel doch helfen...."

In Brasilien wird sie nicht bestraft, die Kugel. Wie ist das?

„Ja", sagte er, „ich weiß nicht", denn Finger heißt dieser

Freund, nicht Daumen, <sondern> Finger heißt er, hab'
vorhin den Namen nicht gewusst, heißt Finger…

Vater: „Wo können wir den kriegen?" Ja, ich weiß nicht
mal dem seine Wohnung. Ich weiß auch nicht, wo er
gebürtig ist. Ich weiß nicht mal, wie er heißt."

Mmh, und eines Tages, kam [zu Herrn Finger] die Frau,
die Mutter dieses Kindes, hat jetzt 'ne Folie bekommen,
und er sagt: Herr Finger: „Hier, --- Kugel, ich hab' nicht so
viel Kugeln, ich gebe so ein Staniolplättchen. Sie
brauchen ihrem Sohn nichts zu sagen."

„Ja", sagt die Mutter, „das versteht er auch nicht."
Herr Finger: „Aber nähen Sie ihm das irgendwo ein."

Sie hat es ihm in den Pyjama eingenäht, hingebracht ins
Krankenhaus, angezogen und fertig. Als sie mit ihm da
sprechen wollte, war es nicht möglich. Aber sie hat die
reine Wäsche gebracht. Am nächsten Morgen kommt sie
hin.

Sohn: „Mutti, was soll ich noch hier? Liege ich nicht
schon lange genug im Bett? Warum habe ich nicht
gegessen ... jeden Mittag was zu essen?"

Denn er hat ja kaum noch essen können und später
kurze Zeit darauf: Sohn: „Mutti, ich bleib nicht hier drin.
Aber warum sollt ich immer im Bett liegen?"

Er bemühte seinen Körper aus dieser Schale heraus und
stand wieder auf eigenen Füßen. Und dieser Freund

Finger, nicht der Vater mit seinem Finger, sondern der Freund hat ihn danach in seinem Betrieb aufgenommen, und er ist heute wieder ein vollwertiger Mensch. Mir brauchen Sie's nicht glauben.

Teil 25

Der STUHL
bei Freund Erich Bavay

Sehen Sie, das ist die Frage, die übrig bleibt.
Muss ich, was Sie persönlich nennen, immer dabei sein?
Muss mein Körper anwesend sein?
Muss der Name meines Körpers fallen?
Ich sage: Nein.

Und so bekomme ich das täglich bestätigt, was an <den>
Körpern unserer Mitmenschen schon geschehen ist. Ich
mach' Ihnen das nicht schmackhaft. Mach' es Ihnen aber
auch nicht leicht, denn Sie sollen ja selbst zur Erkenntnis
kommen, und so Sie zur Selbsterkenntnis <gekommen
sind>, wenn Sie da angelangt sind, und dann haben Sie
viel geschafft, dass Sie das Selbstvertrauen und den
Glauben haben, und auch wenn Sie jetzt glauben,
überzeugen Sie sich aber davon, dass auch Sie dann
Ihren Nächsten helfen können.

Und dieser Freund, der nach Brasilien ausgewandert,
war ja selbst ein Wrack. Er kam in eine Wohnung - beim
Bavay und nützte den Platz. Er wusste gar nichts von
Gröning. Nichts. Er war ein Wrack. Ist ein Vertriebener
aus der Tschechei, und er konnte kaum noch schaffen,
so abgewrackt war sein Körper und --- er sitzt da und
plötzlich dehnt sich die Brust, so, dass das Hemd bald
platzt. Es war noch weiter wie dieses, wie meines ist,
und doch war es hernach ganz stramm am Körper, so
schwoll der Körper, und er sagte: „Was ist das?", sodass
dieser Freund Bavay ihm da sagte: „Das ist doch kein

Wunder, Sie sitzen da auf dem Platz, wo unser Freund
immer sitzt."

„Was heißt hier, Freund?", sagt er, „Was ist das, wer ist
das."

Na, so und so. --- Ja, von da ab war er frei, von da ab
konnte er auch ins Ausland auswandern, sonst hätte er
das da nicht ertragen können und wird gleich zum
Helfer, zum wirklich wahren Diener Gottes. Ich sag: Ja,
so kann man Menschen helfen. Aber erst brauchen Sie
die Hilfe. Erst müssen Sie Erfahrungen, Erfahrungen am
eigenen Körper sammeln, und so Sie es haben, ist es gut.

Sonst hätte <ich> Sie schon nach Brasilien geschickt...[36]

Sie habe ich nicht vergessen, ich hab' nicht vergessen,
nein. Aber erst müssen Sie ja so weit sein.
48.P.: „Also ich bin ganz gesund."
Wenn Sie nachher noch Zeit haben, können wir noch
sprechen.

Ach so, nun muss ich noch eine Kugel holen. Wer hat
noch keine? Ist ja heute billig, nein?
48.P.: „Ja" -- .
Sie will sie aber nicht wieder.
48.P.: „Ich brauche sie nicht mehr."
Sie brauchen sie nicht mehr?
48.P.: „Nein" --.*

____
36 Durch Unruhe und Durcheinanderreden sind Teile des folgenden
'Textes unverständlich.

Mmh. Ach, jetzt verstehe ich! Deswegen brauche ich!
auch keine mehr. Man hat mir mal eine gegeben--- .[37]

Dies ist eine Kugel, nicht eine Kugel mit der man
Menschen töten kann, jemanden Böses tun kann,
sondern das ist eine Kugel, die grundsätzlich gegen das
Böse steht, die das Böse nicht annimmt, haben Sie nur
den Schutz gegen das Böse. Nun, bitte?

48.P.: „Für meinen Jungen."
Freunde, ich will Sie nicht verwöhnen. Es darf nicht sein.
Das nutzt gar nicht. So Sie was verlangen, wenn Sie sich
in Zukunft so --. Ich gebe schon jeden immer das, was
und wie er es braucht, das ist besser.

Sonst versteifen Sie sich nur auf die Kugel, und das ist
dann nichts. Sie wollen ja mehr als die Kugel, ja?

Aber ich komme ja dann alleine dazu. Sonst nehmen Sie
da alles vorweg, und dann ziehen Sie überhaupt keine
Lehre daraus.

Ich greife manchmal so in die Tasche oder irgendwohin,
wo nicht was, sondern das ist, was der Mensch braucht
und geb' ihm das. [Dann können Sie sagen:] „Ich hab'
ihm nichts gesagt, aber er hat es mir gesagt, er hat's mir
gegeben."

Aber Sie sollen mir das doch nicht vorwegnehmen.

Bitte!

____
37 Bruno Gröning deutet auf seine Kriegsverletzung.

49.P.: „Ich?"
Ja, ja.
49.P.: „Dankeschön!"

Und Sie haben alle jetzt? Alle mit Kugeln versorgt, sodass
Sie alle gegen das Böse stehen können?

50.P.: „Bitte."
Ich bin gar nicht so! Doch? Doch?

Aber ich muss Sie gleich belehren, so Sie doch einen
Fehler begehen. Es wäre falsch, wenn ich Sie nicht
dahingehend belehre. Und nun, liebe Freunde, damit wir
alles gleich so ganz auf dem Tonband haben, richten wir
uns heute mal an so ein technisches Wunder, und dass
wir das Band noch so voll bekommen, das heißt, oder all
das mit auf's Band herauf bekommen, die, dass es auch
da sein Ende hat. Bei uns wird es nie ein Ende haben, es
hört nicht auf, das ist erst der Anfang[38].

---

38 Damit ist sein Erdenleben gemeint, dass für den Anfang
    einer langen, langen Epoche auf dieser Erde steht. Doch
    was haben wir bisher daraus gemacht? Viele konnten sich
    am Namen Bruno Grönings massiv bereichern und
    ungestört die Lehre verfälschen. Zuerst müssen wir
    Freunde diejenigen sein – jeder für sich – die bei der
    Wahrheit verbleiben oder diese wieder herstellen wollen.
    Die Verlockungen der Welt sind heute sehr groß und
    mächtig. Doch damals am See Genezareth standen schon
    einmal einige, wenige auf. Jenen Armen, damals
    unbedeutenden Fischern, fehlte es seit der Begegnung mit
    Grönings Vorbild,an nichts. Und so änderten sie alles und
    prägten durch ihr Vorbild die gesamte westliche Welt.

Nun, nun glaube ich, dass Sie mich richtig verstanden haben. Und ich glaube, dass Sie auch <an> das Gute sich zu wenden wissen, und ich glaube auch, dass Sie da dann auch, Sie sich selbst so viel wert sind, dass Sie an sich arbeiten, dass Sie dieses Wertvolle dann auch zu schätzen, wie zu schätzen wissen, um es Ihrem Nächsten geben zu können.

Und damit will ich mich heute, jetzt, von Ihnen verabschieden mit dem einen herzlichen Wunsch, dass Sie so Sie hier an sich selbst tätig sind, mit vollem Erfolg gekrönt werden.

Ich wünsch' Ihnen allen viel Glück und Gottes reichen Segen.

Sich selbst dienen, heißt Gott dienen.

Nochmals alles Liebe, Gute auch für Ihre Nächsten. Gott behüte Sie, alles Gute.

Anmerkung: Der Herausgeber des Buches hatte im Jahre 2006 bei einem Verlagstreffen im Hause der Frau G. Häusler die Gelegenheit auf dem Stuhl des Erich Bavay platz zu nehmen. So, wie vieles von dem was dereinst voller Kraft und Energien war und an dem man sich zu bereichern versuchte oder dachte sich damit über die Freunde erheben zu müssen, war auch jener Stuhl in der Nutzlosigkeit versunken und ist nunmehr bar jeder Möglichkeit einem Menschen zu helfen. Bruno Gröning erklärte, dass dies mit allen von ihm angesprochenen Gegenständen augenblicklich geschehen würde, sobald jemand solches versuchen würde.

Die Wunderheilung

Jesus Worte: »Ich bin ein Heiland; wie, fragen sich die toten und daher stockblinden Menschen, kann Mir doch solches möglich sein? Und Ich sage es euch, dass Ich keines Menschen Fleisch heile, sondern wo irgendeine Seele noch nicht zu mächtig mit ihrem Fleische vermengt ist, mache Ich nur die Seele frei und erwecke, insoweit es sich tun lässt, den in der Seele begrabenen Geist. Dieser stärkt dann sogleich die Seele, die frei wird, und es ist ihr dann ein leichtes, alle Gebrechen des Fleisches in einem Moment in die normale Ordnung zu setzen.

Das nennt man dann eine Wunderheilung, während das doch die aller ordentlichste und na-türlichste Heilung des Fleisches von der Welt ist! «

Quelle: Das Große Evangelium Johannes, Band 3, Kapitel 12, Abschnitt 8-9